Happy Scrapbooking

ハッピー スクラップブッキング

スクラップブッキングを楽しむ本

久米英美子、川上美幸、石川美和、Mick、片柳頼子、
吉川智子、キャサリン・冴子・ピオ、chalk、宮本真理、
田中優子、胡桃 著

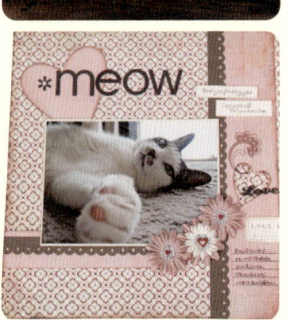

SE SHOEISHA

翔泳社 ecoProject のご案内

株式会社 翔泳社では地球にやさしい本づくりを目指します。
制作工程において以下の基準を定め、このうち4項目以上を満たしたものをエコロジー製品と位置づけ、シンボルマークをつけています。

資材	基準	期待される効果	本書採用
装丁用紙	無塩素漂白パルプ使用紙 あるいは 再生循環資源を利用した紙	有毒な有機塩素化合物発生の軽減（無塩素漂白パルプ）資源の再生循環促進（再生循環資源紙）	○
本文用紙	材料の一部に無塩素漂白パルプ あるいは 古紙を利用	有毒な有機塩素化合物発生の軽減（無塩素漂白パルプ）ごみ減量・資源の有効活用（再生紙）	
製版	CTP（フィルムを介さずデータから直接プレートを作製する方法）	枯渇資源（原油）の保護、産業廃棄物排出量の減少	○
印刷インキ*	大豆インキ（大豆油を20%以上含んだインキ）	枯渇資源（原油）の保護、生産可能な農業資源の有効利用	○
製本メルト	難細裂化ホットメルト	細裂化しないために再生紙生産時に不純物としての回収が容易	○
装丁加工	植物性樹脂フィルムを使用した加工 あるいは フィルム無使用加工	枯渇資源（原油）の保護、生産可能な農業資源の有効利用	○

＊：パール、メタリック、蛍光インキを除く

本書内容に関するお問い合わせについて

本書に関するご質問、正誤表については、下記のWebサイトをご参照ください。
　　正誤表　　　　http://www.seshop.com/book/errata/
　　出版物 Q&A　　http://www.seshop.com/book/qa/

インターネットをご利用でない場合は、FAXまたは郵便で、下記にお問い合わせください。
　　〒160-0006　東京都新宿区舟町5
　　（株）翔泳社 編集部読者サポート係
　　FAX番号：03-5362-3818

電話でのご質問は、お受けしておりません。

※本書に記載されたURL等は予告なく変更される場合があります。
※本書の出版にあたっては正確な記述につとめましたが、著者や出版社などのいずれも、本書の内容に対してなんらかの保証をするものではなく、内容やサンプルに基づくいかなる運用結果に関してもいっさいの責任を負いません。
※本書に掲載されているサンプルプログラムやスクリプト、および実行結果を記した画面イメージなどは、特定の設定に基づいた環境にて再現される一例です。
※本書に記載されている会社名、製品名はそれぞれ各社の商標および登録商標です。

はじめに

　スクラップブッキングは、ベースとなるクラフト紙を選び、その上にお気に入りの写真やパーツなどの素材を使って、装飾を施すクラフトホビーです。アメリカでは、専門誌も数多く刊行されていて、日本でも人気が高まってきています。

　本書では、9つのテーマを元に、10人のスクラップブッカーの方に、作品を作っていただきました。また、その制作過程をイラストを交えて詳しく解説していますので、「すてきな作品だけど、どうやって作るのかな？」という読者の方々の素朴な疑問にも応えられる内容になっています。

　本書を通して、スクラップブッキングの楽しさを知っていただき、そして「思い出の写真で、スクラップブッキングをしてみようかな？」と思っていただければ幸いです。

　最後に本書の執筆をしていただきました著者の方々に心からお礼を申し上げます。

2009年5月吉日
編集部

Contents

はじめに 3
Scrapbooker Profile 6

Part 1 How to do Scrapbooking

片柳頼子のスクラップブッキング基本講座

1. スクラップブッキングの基本レイアウト 10
2. 材料の調達方法 12
3. いろいろなスクラップブッキングの手法 14

Part 2 Scrapbooking Design

Chap1 + Zakka Scrapbooking

1. 15 [12インチ] 16
2. Create [12インチレイアウト] 18
3. マザーズバッグ形のフォトカード 20
4. Masako's Treasure House 22
5. Happy Holidays [ペーパーバックアルバム] 24
sample 26

Chap2 + Flower Scrapbooking

1. Birthday Flower & Cake 28
2. COSMOS 30
3. Flowers in HAWAII 32
4. Let it SHINE 34
5. Strawberries 36
sample 38

Chap3 + Wedding Scrapbooking

1. 招待状 40
2. ウェルカムオブジェ [ボード] 42
3. ウェディングの思い出 [アコーディオンブック] 44
4. ウェディングの思い出 [ペンダント] 46
5. お花の席札とサンキューカード 48
sample 50

Chap4 + Baby Scrapbooking

1. Your 1st Year (JAKE 2005) 52
2. Bath 54
3. bliss 56
4. J 58
5. Dance, Sing, Love, and Live 60
sample 62

Chap5 + Pet Scrapbooking

1. with friends? 64
2. Kisses 66
3. 2 [チップボードミニブック] 68
4. My Dog [ハウスミニブック] 70
5. together [キャンバス] 72
sample 74

Chap6 + Kids Scrapbooking

1. Heart Book 76
2. CD Jacket 78
3. Book Cover 80
4. カマンベールチーズ 82
5. Bellows Book 84
sample 86

Chap7 + Life Scrapbooking

1. Review 08 [ミニアコーディオンアルバム] 88
2. Autumn's Palette 90
3. Himeji 92
4. Home Sweet Home 94
5. JOYS 96
sample 98

Chap9 + Ribbon Scrapbooking

1. my angel 112
2. Kitty 114
3. Sweete 'n' lovely 116
4. year [12インチレイアウト] 118
5. Cat [壁掛け] 120
sample 122

Part 3

片柳頼子のスクラップブッキング講座

Scrapbooking Basic Course、Step up Course

Scrapbooking Basic Course

1. beach fun 124
2. S 126
3. fun 128
4. friends 130

Scrapbooking Step up Course

1. Rosso d'Italia 132
2. your funny faces 134
3. you [フェルトミニブック] 136
4. grow 138

Chap8 + Travel Scrapbooking

1. Cotswolds [12インチアルバム] 100
2. souvenir [12インチレイアウト] 102
3. the view [12インチレイアウト] 104
4. 旅行の標本箱 [ボックスフレーム] 106
5. Travelog [デジタルレイアウト] 108
sample 110

Part 4

石川美和のスクラップブッキング・アラカルト

Scrapbooking à la carte

1. chocolate1、2 140
2. chocolate3、4 142
3. cake 144
4. house 146
5. ビーチバック 148

Scrapbooking Photo

胡桃の写真講座

Part 5

1. ピンクの薔薇 150
2. 蝶 152
3. 絵本と赤い手袋 154
sample 156

わたしとカメラ 158
INDEX 159

Scrapbooker Profile

Part2 Chap1
Zakka Scrapbooking
久米英美子 Emiko Kume

カルフォルニア州サンノゼ市在住。日本でスクラップブッキングのイベントや専門誌『ラブマイメモリーズ』をプロデュースする、有限会社メモリーパレットカンパニーを共同で設立。この会社を通じた、さまざまな活動がスクラップブッキングの普及に貢献している事が評価され、2006年社団法人日本ホビー協会から「ホビー産業大賞」を受賞した。著書に『はじめよう スクラップブッキング』(誠文堂新光社刊、2005/11)などがある。
URL http://www.lovemymemories.com/

いつもは家族や友人の写真をテーマにすることが多いのですが、本書では雑貨や家にあるアイテム、そして旅先の景色の写真のみで作品を作りました。
素材を選んでさらにジャーナルを書けば、人物が写ってなくても雑貨アイテムがそのときの様子や思い出を語ってくれます。メッセージや思い出が伝わるように、ペーパーやエンベリなど、使用する素材の色や形、テクスチャーを選びました。

スクラップブッキング作家。サイト「Serendipity」を主宰。2003年にスクラップブッキングと出会い、現在はペーパーインテリジェンス株式会社のチーフデザイナーとして、作品デザインを担当するほかスクラップブッキング関連のイベントなどで講師を勤める。著書に『楽しくつくれるスクラップブッキング』(技術評論社刊、2006/5)などがある。
URL http://www013.upp.so-net.ne.jp/Serendipity/index.html

Part2 Chap2
Flower Scrapbooking
川上美幸 Miyuki Kawakami

本書では私の大好きな「花」がテーマということで、とても楽しく作ることができました。作品に使った写真は、季節の花や旅先で出会った花などそれぞれシチュエーションが違うものですが、どの作品もきれいな花が引き立つようにシンプルに仕上げました。
実際の花は、咲いている時期は短いのですが、作品の中の花はずっときれいに咲き続けてくれます。みなさんも、ぜひお気に入りの写真で花をテーマにしたスクラップブッキングの作品を作ってみてください。

Part2 Chap3
Wedding Scrapbooking
Part4
Scrapbooking à la carte
石川美和 Miwa Ishikawa

デザイン事務所を経てフリーのデザイナーに。「雑貨PHOTO」をテーマに写真を使った雑貨を数多く創作し、フォトクラフトの楽しさを作品展や雑誌、ウェブ、ワークショップなどで発信中。著書に『お気に入りの写真で作る ウェディングアイテム』(毎日コミュニケーションズ刊、2008/5)、『お気に入りの写真で作る 素敵なカード miwa's photo recipe』(ソフトバンククリエイティブ刊、2006/11)などがある。
夫、3歳の娘と3人暮らし。忙しくも楽しい毎日を送っている。
URL http://www.hapuna.net/

ウェディングは新郎／新婦が主役の大きなイベントです。「これもしたかったなぁ」と、後悔しないよう、思いっきり楽しみたいものです。本書で作成した作品が、その手助けをしてくれることでしょう。
結婚式のあとには、たくさんの写真が手元に届くことと思います。その写真もそのままにはせず、ぜひ形にしてみてください。結婚式の楽しい思い出がいつまでも形になって残せます。たとえば、撮った写真をフォトクラフト作品にしてもいいですし、逆にフォトクラフトを作るために写真を撮ってもいいでしょう。
本書で紹介した作品を参考にして、撮影した写真を使い、あなただけの作品を作ってみてください。写真の楽しみがさらに広がりますよ。

Part2 Chap4
Baby Scrapbooking
Mick
（ミック）

カリフォルニア州サンディエゴ在住。2003年から本格的にスクラップブッキングを開始。2006年からスクラップブッキングの雑誌『クリエイティング・キープセイクス・ウィズ・シンプルスクラップブックス』にて『ミックのアメリカレポート』を連載中。共著に『思い出をコラージュースクラップブッキング』（文化出版局刊、2005/7）、『私だけのアルバムみつけた』（技術評論社刊、2005/6）などがある。
URL http://web.mac.com/mikinenn/

赤ちゃんの写真は、いつになっても大好きなスクラップブッキングのテーマです。本書では、4年前に撮影した息子の赤ちゃん写真を沢山プリントして、新規に作品を作りました。息子のふわふわの髪やポッチャリとしたほっぺたを思い出しながら、ほんわかとした気持ちで作品作りを楽しむことができました。最近はスクラップブッキングを始めたばかりのころに比べて、デジタルツールのお陰で作品作りの幅も広くなった気がします。この本を手に取ってくださった読者の方々が、スクラップブッキング×デジタルの世界を楽しんでいただければ、心から嬉しく思います。

Part1
How to do Scrapbooking
Part2 Chap5
Pet Scrapbooking
Part3
Scrapbooking Basic Course, Scrapbooking Step up Course
片柳頼子　Yoriko Katayanagi

日本のスクラップブッキング界の第一人者。渋谷、池袋、横浜、逗子やサクラクレパス メモラビリアート、キヤノン銀座ショールームなどで講習を行う。『NHKおしゃれ工房』『NHK生活ほっとモーニング』『TBSはなまるマーケット』などに出演。主な著書に『ようこそスクラップブッキングの世界へ』（マイクロマガジン社刊、2004/11）、共著に『楽しいフォトスクラップアート』（成美堂出版刊、2004/10）、編集協力に『とっておきのアルバム スクラップブッキング』（河出書房新社刊、2005/2）などがある。
URL http://www.scrapbooking.co.jp/

スクラップブッキングのレイアウトを作る場合、なかなか最初は構図をとるのが難しいので、今回は簡単な構図にして、周りの色合いやパーツの組み合わせなどを工夫して、少しラブリーな作品を多めに作ってみました。本書では、ペットのコーナーを任せていただいて、昨年飼い始めた2匹の犬の写真と、一昨年に亡くした犬の写真でたくさんの作品を作ることができてとてもラッキーでした。ペットの写真で作ってはいますが、ペーパーやエンベリなどもペット用の特殊なものを使っているわけではないので、写真を入れ替えて応用できます。ぜひ、お子さんやお友達の写真で作るとき時に参考にしてくださいね。

Part2 Chap6
Kids Scrapbooking
吉川智子　Satoko Yoshikawa

グラフィックデザイナー。活動拠点をフランスに移し、写真や雑貨アイテムなどの作成を行う。著書に『Natural Handmade Idea Book』（翔泳社刊、2008/12）、『Paris Style Photographer デジカメでおしゃれなポストカードができる本』（翔泳社刊、2009/1）などがある。
URL http://www.flickr.com/photos/cahier_s/

本書では、ハートの形、CDジャケット、文庫本、丸い形、蛇腹など、5タイプの違った形の中に、たくさんの思い出の写真を散りばめた作品をデジタルスクラップブッキングで作成しています。
デジタルスクラップブッキングでは、画像加工ソフト「Photoshop」を主に利用しています。たとえば、Photoshopのレイヤー機能を使えば、簡単に作品データを作ることができます。また、データの複製やデザインの変更も手軽にできます。
子供の誕生から今日まで撮ってきたくさんの写真と向き合いながら、作品を作る過程もすてきな思い出のひとつになると思います。ぜひあなただけの作品を作ってみてください。

Part2 Chap7
Life Scrapbooking
キャサリン・冴子・ピオ
Catherine Saeko Piehl

忘れたくない思い出は誰にでもあります。その大切な思い出を楽しく整理することがスクラップブッキングです。もともと写真が趣味だったので、スクラップブッキングと出会ったときから、「このすばらしいホビーを多くの人に伝えたい、知ってもらいたい」と思い教室をはじめました。
1人1人と話がしたいので、レッスンはなるべく少人数にしています。作品を作るときに心掛けていることは、写真の思い出を考えながら作ることです。スクラップブッキングの作品は基本的には写真が主役なので「Simple is Best!」を大切にしています。

横須賀生まれ、アリゾナ育ち。1999年にScrapbookingと出会い、2000年の夏に関西ではじめてScrapbooking教室を開催する。2003年10月にサクラクレパスメモラビリアートアドバイザー、クリエーティブディレクターとなる。カルチャーセンター、ホビースペースでの講習会やワークショップ、雑誌、テレビ出演など多彩に活躍中。2009年、神戸にCatherine's Scrapbooking Studioをオープンする予定。

ScrapBooking Air 主宰。スクラップブッキング作家。
URL http://members.jcom.home.ne.jp/aleko/

Part2 Chap8
Travel Scrapbooking
chalk
チョーク

本書で作成したのは、トラベルとトラベルのアレンジ作品。旅行に行くと、ついたくさん撮ってしまう写真。そんな写真を使って、スクラップブッキングの作品を作成しました。はじめての方には、気軽に作って友達に送れるカードやポストカードがおすすめです。作品を作っていると、写真を通してそのとき自分が感じたことまで思い出され、まるでもう一度旅に出ているような気持ちになります。自分の心の中にだけある小さな記憶は、個人的で小さな出来事であればあるほど、いくら厚い本のページをめくっても、一日中インターネットを検索しても見つかりません。どうぞ、あなたらしく自由に楽しんで、スクラップブッキングの世界を大きく広げていってください。

Part2 Chap9 (1-2-3)
Ribbon Scrapbooking
宮本真里 Mari Miyamoto

色とりどりのペーパーやエンベリで埋め尽くすレイアウトもすてきで憧れるのですが、写真に思い入れがあるので、シンプルな作品を作ることが多いです。また、そのほうが自分らしいし、スクラップブッキングを楽しんでいる理由なのかもしれません

宮城県仙台市在住。サクラクレパス メモラビリアート講師。(社)日本フラワーデザイナー協会講師。1997年より阿部さやかフローラルセミナーにてフラワーデザインおよび造形理論を学ぶ。このほかスクラップブッキングを通して仲間達とピンクリボン運動の啓蒙活動を展開中。
URL http://girlsb.blog68.fc2.com/
URL http://sb-pink-lovers.blogspot.com/

Part2 Chap9 (4-5)
Ribbon Scrapbooking
田中優子 Yuko Tanaka

本書で作成した作品は「YEAR」「cat」「meow」「what made you cry?」「little prince」などの6点です。「YEAR」は1年間の思い出を1枚の作品にまとめシンプルに仕上げました。「cat」は両面壁掛けの作品です。気分によって裏表変えられる様になっています。部屋のインテリアに合うようにシックな色合いでまとめています。「meow」は愛猫の写真を使いました。かわいいポーズが映えるようにピンクでまとめ、フラワーにラインストーンをつけるなどしてかわいらしく仕上げました。「what made you cry?」は子供の泣き顔がとてもかわいかったので2L判サイズに引き伸ばして使いました。カラフルな色使いで子供らしい雰囲気を出し、いろいろなエンベリをつけて元気な感じにしています。「little prince」は最近飼いだしたアビシニアンの子猫です。かわいすぎてまさに我が家のprince。我が家に来てくれた感謝の気持ちをジャーナルに込めました。

サクラクレパス、メモラビリアートシニアインストラクターとして活躍するスクラップブッキングデザイナー。
URL http://sbyuko.rakurakuhp.net/

Part5
Scrapbooking Photo
胡桃 Kurumi

花を中心に身近なモノを気ままに撮影するフォトグラファー。共著に『Cute Photographer』(翔泳社刊、2008/5)がある。
URL http://noi-x.com/

本書で扱っている被写体は花が中心です。室内での花の撮影は、デジタルカメラを使いました。記念撮影をする感覚(気分)で撮っています。また、浮かんだイメージに合わせて雑貨と組み合わせたり、色や光を足したり引いたり、などの工夫をしています。屋外での花の撮影は、その日の気分に合わせて、トイカメラ(フィルムなど)やデジタルカメラを使いました。偶然目に留まったり、出合った被写体を気分や閃きで撮っています。また、「ちょっぴり夢のような世界」を意識して撮っています。

Scrapbooker Profile

片柳頼子のスクラップブッキング基本講座
スクラップブッキングの基本レイアウトや材料の調達方法などを紹介します。

1 スクラップブッキングの基本レイアウト

TEXT／PHOTO　Yoriko Katayanagi

How to Make

1　レイアウトスケッチの基本

レイアウトを作るとき、まず写真を選びますが、最初は同じときに撮ったシリーズの写真の中で、一番良い写真（アップ気味に写っているものがまとまりやすい）を選び、そのメインの写真に合っている写真をほかに2、3枚選びます。

まずはメインの写真を一番目につく位置に配置して、サブの2、3枚の写真同士を比較的寄せて配置します。まずは写真をまっすぐに配置しましょう。

How to do Scrapbooking　PART 1

2　レイアウトスケッチの注意点

右のイラストのようにいろいろな形に写真をカットしたり、さまざまな向きに配置したり、12 インチ（約 30.5 センチ）のペーパー全体に並べるだけ、というレイアウトを作りがちです。
しかし全体でひとつのデザインとしてまとまるように、はじめる前にスケッチを描いてから作業を開始するとよいでしょう。
タイトルと写真や、ボーダーを写真に重ねる（カットしたペーパーやリボンを水平に配置する）、どこかを重ねる、くっつける、などまとめた部分を作ることがポイントです。

> **本書におけるサイズの表記**
> Scrapbooking では、通常サイズを「インチ」で表記しています。本書でもその表記にならい、インチで掲載しています（ただし、Part2 の Chap3、Part4 ではセンチで表記しています）。

3　全体のバランスとポイント

メインの写真を 2L などの大きいサイズにすると、よりインパクトが強くなり、しまりのあるレイアウトにすることができます。
作っている途中で必ず、何回か離れて眺めることがとても大切です。作っているとその部分だけに夢中になってしまい、全体のバランスが見られなくなるからです。
見てほしいポイント（フォーカルポイント）と、ポイントを目立たせるために力を抜く所を作りましょう。

4　レイアウトスケッチ

旅行などで写真の枚数が多いレイアウトを作るときは、見開きのレイアウトに作ってみるのもいいでしょう。旅行のレイアウトの場合、使う飾りに気をつけて少しシンプルに仕上げます。
飾りは、冬の景色なのに花の飾りや、シックな風景にブライトなかわいい飾りを使うなどしてしまうと、せっかくの写真のイメージを壊してしまいます。写真と合わない飾りしか持っていない場合は、入れないほうがよいでしょう。
スクラップブッキングはペーパークラフトですが、まずは写真を残すアルバムであることを忘れないように、楽しく作って残していくことが大切です。

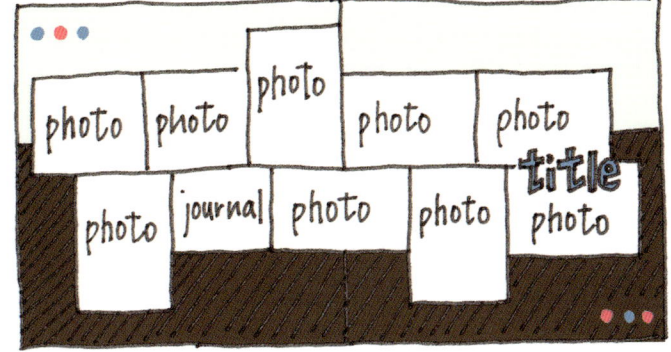

11

2 材料の調達方法

 How to Make

1 スクラップブッキングで必要な道具

スクラップブッキングの道具としてはまず、切りやすいはさみ、両面テープ（またはテープ糊）、液体糊（ボンド系）、定規、筆記用具（鉛筆、消しゴム）、ジャーナル用のペン（耐水性の水性ペン）を用意します。

写真はできるだけ、両面テープ（テープ糊）で貼りますが、そのほかのペーパーの部分はスティック糊でも十分です。液体糊（ボンド系）は、ペーパー以外のものを貼るときに使用します。

ジャーナル用のペンはまず細字の黒を用意します。また、もっと本格的に行う場合は、ペーパートリマー（ペーパー用のカッター）、クラフトナイフ、ピンセット、ドット系の糊（粒状になっている強力糊）などを少しずつ揃えていきましょう。

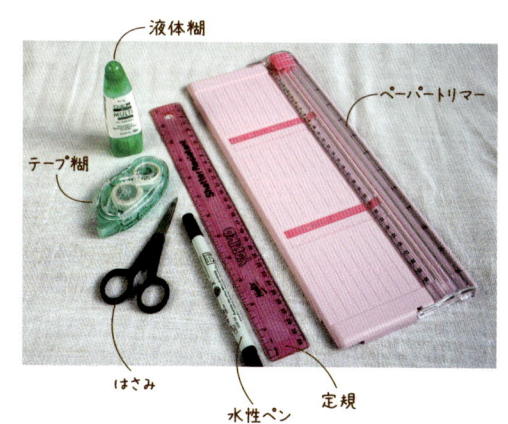

How to do Scrapbooking | PART 1

2 カードストックとパターンペーパー

材料はまず、カードストック（色画用紙12×12インチ）とパターンペーパー（模様紙、サイズ同）があります。写真が決まっている場合は、その写真の色合いに合うパターンペーパーを選び、そのパターンペーパーの模様の中にある色や合う色、または白、黒などのカードストックを買いましょう。最初のうちはパターンペーパーも同系色の模様か小さい模様のものを選びましょう。カードストックもあまり派手な色を選んでしまうと、写真よりパターンペーパーのほうが目立ってしまいます。また、タイトルや飾りと組み合わせるので色合わせも難しくなってしまいます。

カードストック　　パターンペーパー

3 アルファベット文字、スタンプ

タイトル用に、アルファベット文字スタンプやアルファベット文字ステッカーを揃えます。思っているより、少し大きめの物を選んだほうが使いやすいです。
また、さまざまな種類のものがあるので、スタンプの場合、スタンプインクも最初は黒やこげ茶などを買うといいでしょう。プリンタがあれば、パソコンでフォントを選び、プリンタに入れられる大きさにパターンペーパーをカットして、プリントするのもよいでしょう。

ダイカットマシーン　ステッカー　スタンプ

4 飾り（エンベリッシュメント、通称エンベリ）

飾り（エンベリ）は、さまざまな種類がありますが、普通のリボンやレース、ボタンなどを利用するのもよいでしょう。ほかにペーパーフラワーや厚紙でできたもの、メタル類のものなど素材もいろいろありますし、流行りのラインストーンなども使えます。
現在ではインターネット上にショップがたくさんありますので、近くにお店がなくても揃えることができます。
また、近くに実店舗があれば、写真を持参し、パターンペーパーと実際に組み合わせて選ぶことができるので失敗が少ないでしょう。
スクールも各地で開催されているので、まず参加して、何を買ったらいいのか講師の方にアドバイスをもらうのも失敗をしない方法です。
代表的なネットショップ、実店舗、スクールを右の表にまとめました。

ネットショップ		
フラットクラブ	URL	http://www.flatclub.co.jp/
ラブマイメモリーズ	URL	http://www.lovemymemories.com/
ソレイユ	URL	http://www.rakuten.ne.jp/gold/scrapbooking-store/
Scrap the Planet	URL	http://www.scraptheplanet.com/
実店舗		
銀座ソレイユ（東京・銀座、大阪、名古屋）	TEL	03-3561-6031
紙の温度（名古屋）	TEL	052-671-2110
シモジマ6号館（東京・浅草橋）	TEL	03-5833-6541
フラットクラブ（茨城・水戸）	TEL	029-247-0987
アートアンドクラフトDuo（全国多店舗）		
スクール		
メモラビリアート（東京・蔵前、大阪）	URL	http://www.craypas.com/memorabiliart.html
銀座ソレイユ	URL	http://www.sun-k.co.jp/lesson/scrap.html
アートアンドクラフト Duo	URL	http://www.craftduo.co.jp/

3 いろいろなスクラップブッキングの手法

How to Make

1 自由なレイアウトを作る

応用編として、自由なレイアウトを作る場合、「基本のものから何かを崩したら、何かを足す」という方法で作っていくとよいでしょう。

たとえば、右のイラストのように、写真を斜めに配置して花をいっぱいつける場合は、写真を斜めにすることで安定感が減り、花をいっぱいにすることで写真と飾りの重さのバランスが崩れるので、ベースの無地のパターンペーパーに水平のラインを入れることにより、安定感を出すことができます。

また、色数を減らしたり同系色に抑えたりすることにより、重さのバランスが崩れているのを感じさせないようにすることができます。

2 レイアウトスケッチ その1

小さい写真ばかりの場合、わざと空間を大きく残すことでバランスをよくすることができます。見せたい部分は、しっかりと作り込み、ほかの部分はそのままにしておくことで、小さい写真でも目立たせることができます。

3 レイアウトスケッチ その2

写真を丸くカットした場合は、ペーパーを細くカットし、ボーダーにして下に敷くと安定して見えます。また、丸が並ばないように（左右、上下）配置すると躍動感が増します。
ただし、このレイアウトは風景の写真などには向いていません。子供やペットなどの写真が向いているでしょう。

4 レイアウトスケッチ その3

たくさんの写真をいろいろな大きさにプリントしたりカットしたりして、それを組み合わせてランダムに配置したりしても楽しいレイアウトになります。この場合も、いろいろな四角形がたくさん並ぶので、バランスを壊さないように、ベースを考えていかなくてはなりません。
また、布やフェルトなどを取り入れても楽しいものになりますが、ボリュームがある分、色は抑えておきましょう。
基本にとらわれないレイアウトを作る上での最大のポイントは、写真選びです。いわゆる普通のスナップ写真（家族全員が並んで、ほぼ全身写っているような写真）よりも、狙いを絞って撮った写真（笑っている子供の自然な表情や、アップに撮ったものなど）を使うことが大切です。

CHAPTER 1 | Zakka Scrapbooking

1　15　12インチ

使用している写真は15歳の娘の部屋にある雑貨です。部屋にある雑貨の写真だけで成長の様子を見ることができます。

by Emiko Kume

Analog Kit

- パターンペーパー：Jenni Bowlin、Imaginisce、Prima
- レースペーパー：KI Memories
- リボン：Making Memories、Prima
- ラブオン：Lil Davis、Photo Corners
- ラインストーン：Prima
- アルファベットステッカー：Making Memories
- クリアステッカー：SRM
- ラブオン（ステッチ柄）：Cosmo Cricket
- チップボード文字：Cosmo Cricket
- スタンプ：Technique Tuesday
- スタンプインク：Tsukineko、こどものかお
- ペン：呉竹

Scrapbooking Design | PART 2

How to Make

1 台紙を選びます。

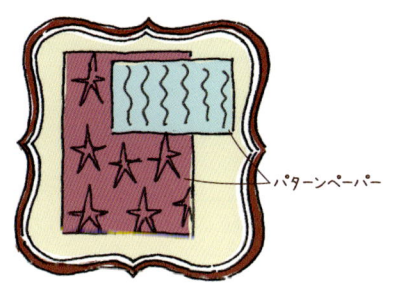

2 パターンペーパーを重ねていきます。

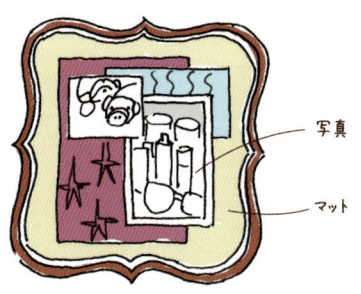

3 写真を重ねます。ピンクのペーパーの上に写真を直接置いてみると、写真があまり目立たないので、写真に白いマットをつけました。

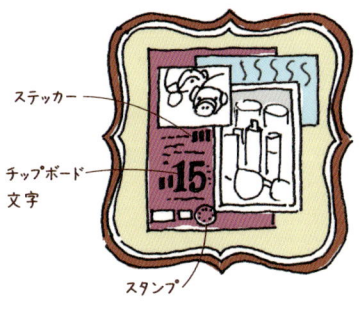

4 ペンでジャーナルを入れたり、チップボード文字でタイトルをつけたり、ほかにもステッカー、スタンプを使ったり、いろいろな素材やツールを使います。

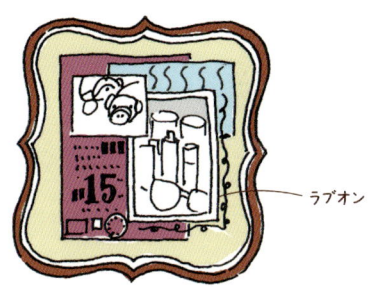

5 ステッチ柄のラブオンで一部をふちどりしました。

6 花柄のレースペーパーを切って重ねたり、リボンを重ねたりして、できあがりです。

17

CHAPTER 1 | Zakka Scrapbooking

Create   12インチレイアウト

マルチレイヤーなポップアップフォトで写真を立体的にレイアウトしています。
また、ワックスシールでワンポイントアクセントをつけています。

by Emiko Kume

Analog Kit

- パターンペーパー、ダイカット、ボーダー：Crate Paper
- カードストック：Bazzill Basics Paper
- ワックスシール、スタンプ：7 Gypsies
- スタンプインク：Tsukineko
- トランスパレンシー、ラブオン：Hambly Studios
- アルファベットステッカー：Pioneer
- ポップアップ用両面テープ(Sticky Strips)：Therm O Web

Scrapbooking Design | PART 2

How to Make

1

写真をクロップ（切り取り）して、各写真に白いマットをつけます。フォーカルポイントの写真には、グリーンと白で2重にマットをつけています。

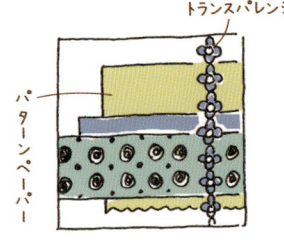

2

背景に使いたいパターンペーパーやトランスパレンシーをカットしたりちぎったりして、1枚ずつ台紙に貼って重ねます。

3

ポップアップさせたい写真の裏に厚みのある両面テープを貼ります。

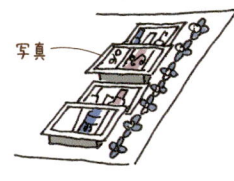

4

ポップアップさせたい写真と台紙に直接貼る写真を交互に配置して貼り、段差をつけます。

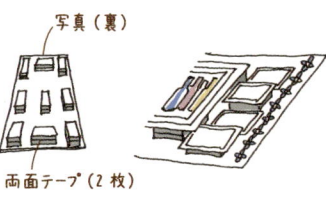

5

フォーカルポイントにする写真には厚みのある両面テープを2枚重ねて、さらに段差が出るようにします。

6

アクセント用にワックスシールを作ります。まず、蝋に火をつけて溶かします。蝋が熱いうちにスタンプを押します（先にスタンプにインクをつけておくといいでしょう）。蝋をシールの上に重ねて貼ります。

7

タイトルをラブオンやアルファベットステッカーで作って、できあがりです。

19

CHAPTER 1 | Zakka Scrapbooking

3 マザーズバッグ形の フォトカード

大きさを変えればハンドバッグの形にもなり、素材を変えれば
トランクにもなって、いろいろ応用がききます。

by Emiko Kume

Analog Kit

- カードストック：Bazzill Basics Paper
- パターンペーパー、ブラッド：BoBunny
- こより：こどものかお
- ラブオン：Lil Davis、Photo Corners
- ステッカー：7 Gypsies
- 花：Prima
- リボン：作者私物

How to Make

Scrapbooking Design | PART 2

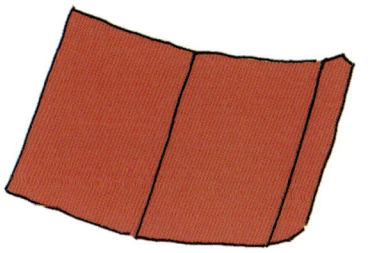

1 ペーパーをカットして折り目をつけます。

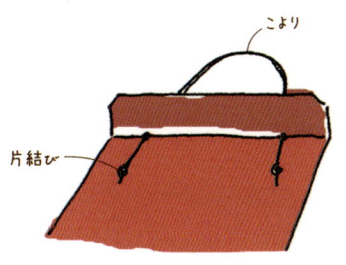

2 こよりを通す穴を2箇所開けて、こよりを通してから、片結びをします。

3 中央に穴を開けて花をつける場所を作ります。

4 ブラッドを花の中心に挿して、3で開けた穴に差し込み、裏で留めます。

5 カードの表紙にパターンペーパーを貼ります。

6 カードの中をパターンペーパーや写真でデコレーションして、できあがりです。

CHAPTER 1 | Zakka Scrapbooking

Masako's Treasure House

（中面）

（表）

チップボードアルバムをばらして家の形のアクセントに使っています。ペーパーにやすりをかけて古びた雰囲気を出したり、ふちをはっきりさせたりしています。

by Emiko Kume
photo by Kazumasa Takeuchi

Analog Kit

- カードストック、ブラックボードアルバム、ダイカット：Cosmo Cricket
- パターンペーパー：Cosmo Cricket、7 Gypsies
- トランスパレンシー：Hambly Studios、Creative Imaginations
- チップボードアルファベット：American Crafts

Scrapbooking Design | PART 2

How to Make

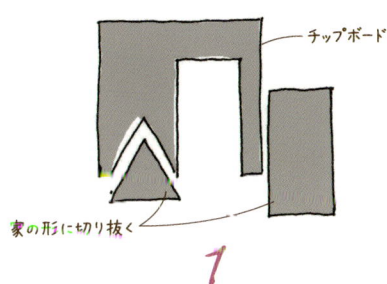

1

アルバムページをリングから外します（ここでは表紙と裏表紙のみにブラックボードアルバムを使い、中のページはカードストックで作りました）。中のアルバムページを使って家のアクセントを作ります。まず別の紙で家の形を作って型紙にし、アルバムページを切ります。このアルバムページはチップボードでできているので厚みがあります。

2

家の形のチップボードにいろいろなパターンペーパーを貼ってコラージュします。デコパージュ（プリントを切り抜いて素材に貼ること）用の液状糊やニスを紙の下や上にも塗るとしっかりつきます。

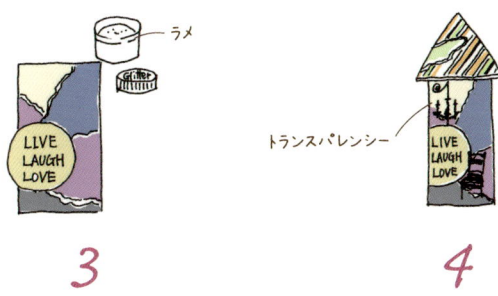

3

ニス（糊）が乾く前に、ラメを少しふりかけます。

4

透明なトランスパレンシーの絵柄を重ねて、家の形のアクセントのできあがりです。

5

背景として貼るペーパーのふちにやすりをかけます。パターンペーパーは紙の中が白いので、やすりをかけると白い部分が出ます。古びた雰囲気を出すのと同時に、ふちをはっきりさせることができます。

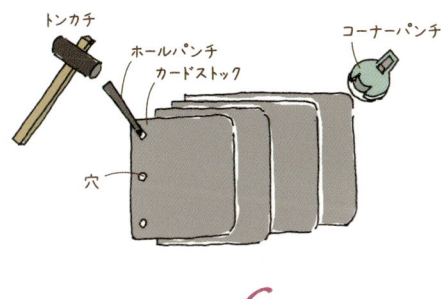

6

中のページ用に黒いカードストックをカットします。ふちはコーナーパンチを使い、ブックのカバーに合わせて丸くします。ページが段々になるように、いろいろな長さでカットしてあります。左側にホールパンチなどでリングが通る穴を開けます。

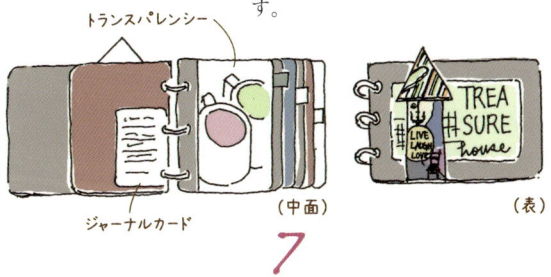

7

リングで綴じてできあがりです。透明なトランスパレンシーや、小さめのジャーナルカードなどを一緒に綴じると、素材の違うレイヤーを楽しむことができます。

CHAPTER 1 | Zakka Scrapbooking

Happy Holidays ペーパーバックアルバム

5

（中面）

（表）

クリスマスツリーやオーナメントの写真で
アルバムを作りました。娘と一緒に毎年
オーナメントをいくつか買い足しています。

by Emiko Kume

Analog Kit

- カードストック：Bazzill Basics Paper
- パターンペーパー（花）：Prima
- クラフトはさみ：Fiskars
- ラブオン：Hambly Studios
- クリアステッカー：EK Success
- タグ：Adornit
- チップボード、エンベリ：Fancy Pants

Scrapbooking Design | PART 2

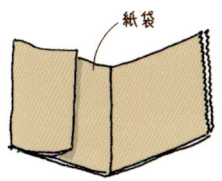
紙袋

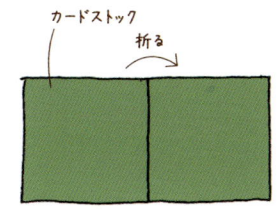
カードストック　折る

スキャロップ型

1 紙袋を半分に折ります。

2 カバーにするカードストックを紙袋よりも少し大きめに切って、半分に折ります。

3 表紙と事寿紙になる側面をクラフトはさみでスキャロップ型にカットします。

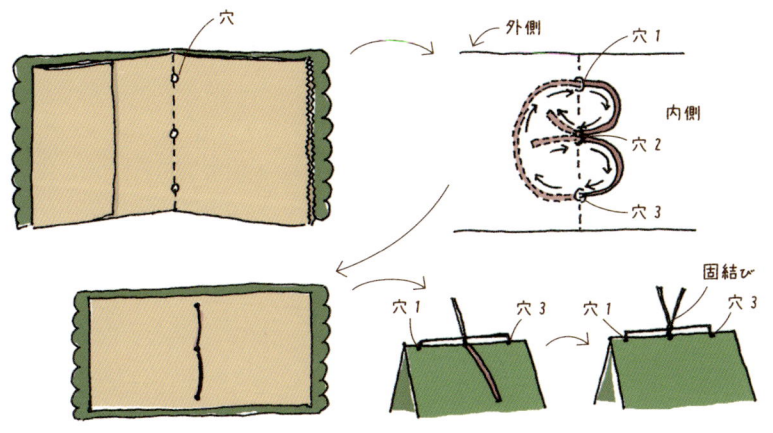

4 カバーにするカードストックの間に紙袋やほかのパターンペーパーをはさみ、中央の折り目に3つ穴を開けます。リボンを通してパンフレットステッチというステッチの方法で綴じます。

パンフレットステッチ

・ステッチの順序
① 「穴2」に外側から内側へリボンを通す
② 「穴3」に内側から外側へリボンを通す
③ 「穴1」に外側から内側へリボンを通す
④ 「穴2」に内側から外側へリボンを通す

リボンの最初と最後に出ている部分を左の右下のイラストのように、表紙カバー外側の「穴1」と「穴3」にまっすぐ通っているリボンの両脇に出るようにして、固結びを2回する（両脇に出ているリボンを「穴1」と「穴3」の間にまっすぐ通っているリボンに結びつける）

リボン

パターンペーパー

5 表紙や内側のページにパターンペーパーを貼ったり、*4*で通したリボンに、別のリボンを結びつけたりしてデコレーションすると、できあがりです。

25

CHAPTER 1 | Zakka Scrapbooking Sample by Emiko Kume

❶ スターブック

アナログツール：パターンペーパー、チップボード、リボン
レイアウトポイント：写真を各ページに1枚ずつ貼ってあります。
コメント：ワックスリネンで縫って綴じる形のスターブックです。

❷ リボンステッチ・ボードブック

アナログツール：パターンペーパー、チップボード、リボン
レイアウトポイント：好きなフレーズをフレームに入れて表紙に貼りました。
コメント：細いリボンで綴じるタイプのハードカバーブックです。

❸ パンフレットステッチブック

アナログツール：パターンペーパー、チップボード、リボン
レイアウトポイント：中面には旅行の写真をまとめてあります。
コメント：開けるとくるくると広がるラップ型のブックです。

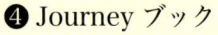

❹ Journey ブック

アナログツール：パターンペーパー、チップボード、リボン
レイアウトポイント：ハートのシェイプはフリーハンドでカットしました。
コメント：リングで綴じたアルバムです。海岸での散歩の写真をまとめました。

❺ バレンタインカード

アナログツール：パターンペーパー、ステッカー、リボン
レイアウトポイント：お気に入りの雑貨フォトでバレンタインカードを作りました。
コメント：Photo by Kazumasa Takeuchi

❻ バースデーカード

アナログツール：パターンペーパー、スタンプ、リボン
レイアウトポイント：バースデーケーキの写真でカードを作りました。
コメント：ビーズつきのリボンで華やかに飾っています。

Scrapbooking Design | PART 2

❼

❼ クリップボード
アナログツール：パターンペーパー、花、ラブオン、クリップボード
レイアウトポイント：写真は取り外しができるようになっています。
コメント：Photo by Kazumasa Takeuchi

❽ 星型クリスマスブック
アナログツール：パターンペーパー、チップボード、リボン
レイアウトポイント：星型のミニブックにクリスマス雑貨の写真をまとめました。
コメント：星型チップボードにパターンペーパーを貼って、やすりをかけて形を整えました。

❽

❾

❿

❿ P is for Photos
アナログツール：パターンペーパー、CDフォルダ、ステッカー
レイアウトポイント：中面にはポケットがたくさんついているので、コンサートチケットなどをしまいました。
コメント：CDフォルダを3部綴じてあります。

❾ ボタンホールステッチブック
アナログツール：パターンペーパー、リボン、スタンプ
レイアウトポイント：背表紙を丸くくりぬいて、中のページが見えるようになっています。
コメント：種類の違う紙を一緒に綴じられるのでジャーナルブックにぴったりです。

⓫ travel　　クリアブック
アナログツール：アクリルブック、パターンペーパー、花、ステッカー
レイアウトポイント：クリアなアクリル板が土台なので、裏から見てもきれいに見えるように作りましょう。
コメント：表紙にはダイジェスト版のように、代表的なシーンの写真を貼りました。

⓬

⓬ travel　　ミニブック
アナログツール：パターンペーパー、チップボード、ダイカット
レイアウトポイント：いろいろ形が違うダイカットをリングで綴じています。
コメント：ジャーナルを書いて旅行の思い出を記録しましょう。

27

CHAPTER 2 | Flower Scrapbooking

by Miyuki Kawakami

誕生日にいただいた花とバースディケーキの写真で
作った記念の1ページです。

Birthday Flower & Cake

Analog Kit

- ダイカットペーパー：Jenni Bowlin
- パターンペーパー：Jenni Bowlin
- ゴーストクロック：Heidi Swapp
- チップボードアルファベット：American Crafts
- ラブオン：Lil Davis

Scrapbooking Design | PART 2

 How to Make

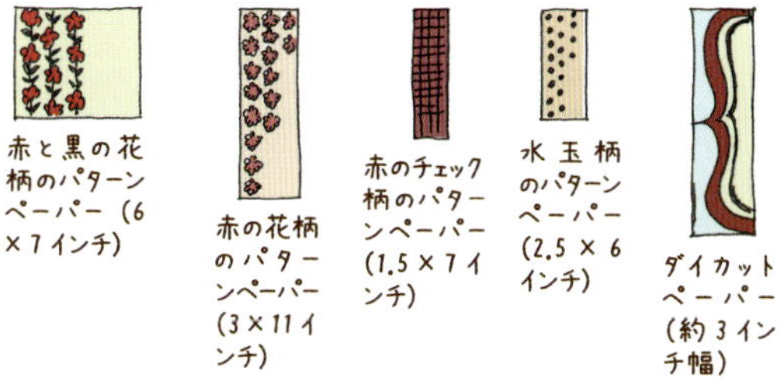

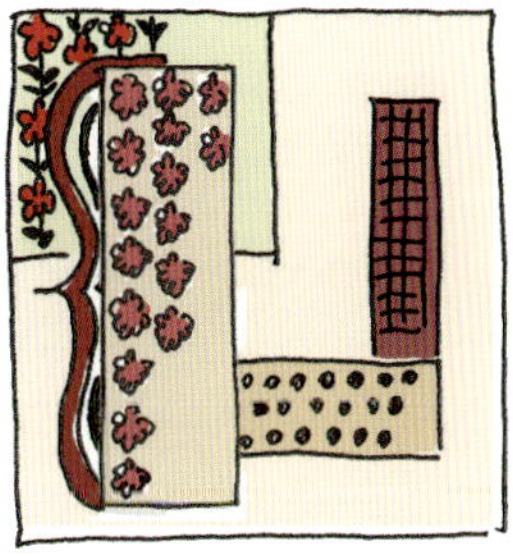

赤と黒の花柄のパターンペーパー (6×7インチ)	赤の花柄のパターンペーパー (3×11インチ)	赤のチェック柄のパターンペーパー (1.5×7インチ)	水玉柄のパターンペーパー (2.5×6インチ)	ダイカットペーパー (約3インチ幅)

1 赤と黒の花柄のパターンペーパー (6×7インチ)、赤の花柄のパターンペーパー (3×11インチ)、赤のチェック柄のパターンペーパー (1.5×7インチ)、水玉柄のパターンペーパー (2.5×6インチ)、{ }型のダイカットペーパー (約3インチ幅) をそれぞれカットします。

2 カットしたパーツを上のイラストのように並べ、貼り合わせます。

3 写真 (2LサイズとLサイズ) のコーナーに白のフォトコーナーをつけて上下に並べ、下の小さいほうの写真を右に少しだけずらして貼ります。

4 右側にゴーストクロックを貼ります。

 ゴーストクロックは透明なので、接着部分が見えにくい透明な両面テープで貼ることをお勧めします。

5 タイトルのステッカーと日付のラブオンを貼ります。

6 余った柄の無いペーパーにジャーナルをプリントして、行ごとにカットします。それを2行のタイトルの間の空いている部分に貼って、できあがりです。

CHAPTER 2 | Flower Scrapbooking

秋のさわやかな景色を丸い窓から覗いているような
イメージで作った1枚です。

by Miyuki Kawakami

COSMOS

Analog Kit

- パターンペーパー：BasicGrey
- ステッカー：BasicGrey
- リボン：Making Memories
- ボーダーパンチ：FISKARS

Scrapbooking Design | PART 2

How to Make

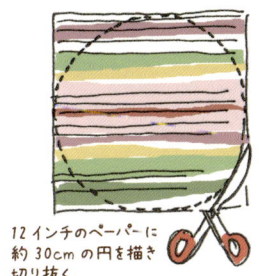

1 ボーダー柄のペーパーの裏に直径30センチの円を書いて切り抜きます。

2 六切サイズの写真を円の真ん中に置き、左端を合わせて貼り、円からはみ出た写真の角を円に沿ってカットします。
右端は写真の端に合わせて余った円の部分をカットします。円の周りと写真の上下にミシンをかけます。

3 白色系の台紙の上下に、花柄のパターンペーパー（2インチ幅にカットしたもの）を貼り合わせます。

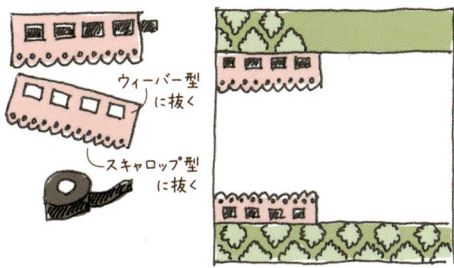

4 ピンクのペーパー（1.5×5インチにカットしたものを2枚）をそれぞれイラストのようにスキャロップ型とウィーバー型のボーダーパンチでパンチします。ウィーバー型で抜いたほうにリボンを通し、3で貼った上下の花柄ペーパーに並べて、スキャロップ型が向き合うように貼り合わせます。

5 はじめに作った円形の右端と台紙の右端を合わせて貼ります。先ほど通したリボンの余りでリボンを作って写真の左上部に貼ります。

6 タイトルをステッカーで貼って、できあがりです。

CHAPTER 2 | Flower Scrapbooking

旅行先で撮影した色とりどりの花たちをたくさん詰め込んだ1枚です。

by Miyuki Kawakami

Flowers in HAWAII

Analog Kit

- カードストック：Bazzill Basics Paper
- ダイカットペーパー：KI Memories
- ブロッサム、ブラッド、ステッカー、チップボード：Making Memories

Scrapbooking Design | PART 2

How to Make

1 メインの写真を 5×5 インチにカットし、ほかの 12 枚の写真は 2.5×2.5 インチにカットして、並べて貼ります。

2 貼った写真の上から、ピンク色のレース状にカットしてあるカードストックを置いて、写真と台紙の余白部分の境目に鉛筆などで軽く印をつけます。

3 印をつけたところを目印に、花や葉っぱの形を上手く残しながらカットして、写真に掛かっていた部分を取り除いて貼ります。鉛筆の線が目立つようでしたら消しておきます。

4 メインの写真にステッカーでタイトルを入れます。

5 ブロッサムと葉っぱのアクセントを、右側に 2 個と左下辺りに 1 個それぞれブラッドで留めます。

6 右下にチップボードのアクセントを貼り、できあがりです。

CHAPTER 2 | Flower Scrapbooking

by Miyuki Kawakami

元気いっぱいに咲くひまわりの写真を思い切って大きく伸ばした1枚です。

Let it SHINE

Analog Kit

- パターンペーパー：BasicGrey
- ステッカー、ラブオン：Making Memories
- ラブオン：Creative Imaginations

Scrapbooking Design　PART 2

How to Make

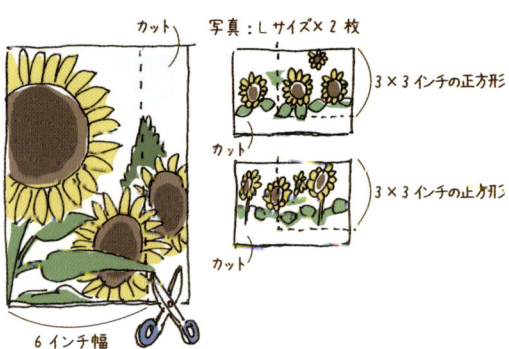

1　六切Wサイズにプリントした写真を6インチ幅にカットします。小さい写真は3×3インチにカットします。

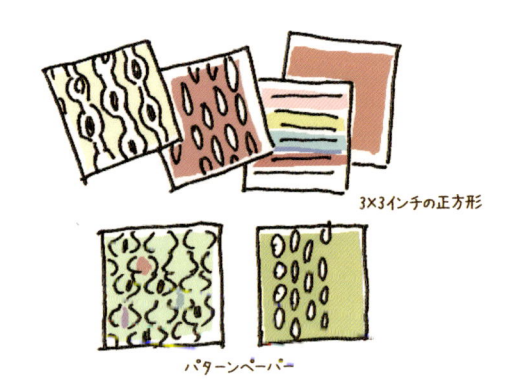

2　6種類のパターンペーパーをそれぞれ3×3インチにカットします。

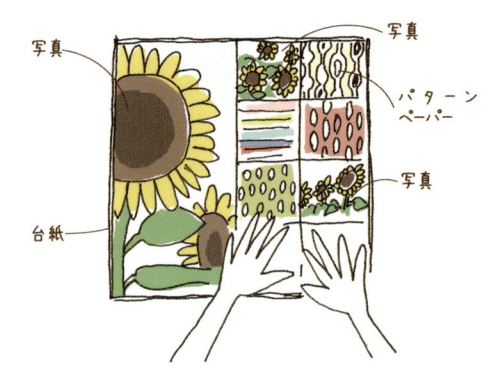

3　台紙に写真とパターンペーパーを並べ、貼り合わせます。

4　左に置いた大きいほうの写真に、ラブオンでタイトルを入れます。その下にステッカーでサブタイトルを貼ります。

5　右側のブロック2箇所に円形のラブオンを入れます。

6　一番右下のブロックに日付のステッカーを貼って、できあがりです。

35

CHAPTER 2 | Flower Scrapbooking

by Miyuki Kawakami

イチゴの白い花と真っ赤な果実の色のコントラストを楽しみながら作りました。

5 Strawberries

Analog Kit

- パターンペーパー：Prima、Creative Cafe
- スタンプ、ステッカー：Making Memories
- ステッカー：American Crafts
- クリスタル：Prima

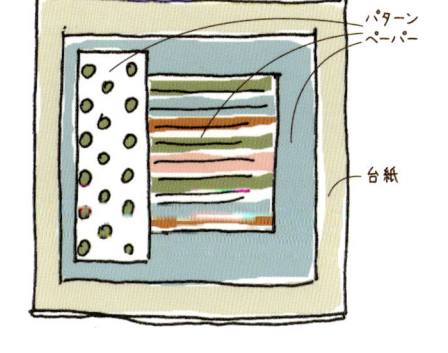

Scrapbooking Design | PART 2

How to Make

1 ブルー系（10×11インチ）、ドット柄（9×3インチ）、ボーダー柄（7×6.5インチ）のパターンペーパーをそれぞれカットします。

2 ベージュ系の台紙の中央にブルー系のパターンペーパーを置き、さらにその上にドット柄とボーダー柄のパターンペーパーを上のイラストのように並べて貼っていきます。

3 その上に写真（4×6インチ）を上下に並べて貼ります。

4 並べた写真の真ん中あたりに、クリスタルのアクセントを貼ります。

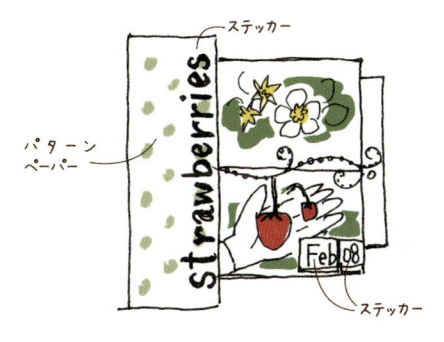

5 ドット柄のパターンペーパーの上にタイトルのステッカーを貼ります。写真の右下部分にも日付のステッカーを貼ります。

6 タイトルの左上の空いている部分に｛ ｝型のスタンプを押して、その中にジャーナルを書き入れて、できあがりです。

CHAPTER 2 | Flower Scrapbooking Sample by Miyuki Kawakami

❶ AUTUMN 06

アナログツール：パターンペーパー、チップボードアルファベット、ブロッサムなど
レイアウトポイント：12インチの見開きページで作りました。
コメント：大きい写真と、4×4インチにカットした6枚の写真をカラーブロッキング（テンプレートパターン）を元に配置して、見やすくまとめました。秋色のパターンペーパーを使って、季節感を引き立たせています。

❸ Celebrate your LIFE

アナログツール：パターンペーパー、ブロッサム、チップボードアクセントなど
レイアウトポイント：黒や赤など原色のパターンペーパーを重ねて、少し和を意識して作っています。タイトルやチップボードアクセントをきちんと並べて配置することで、まとまって落ち着いた印象に見えます。
コメント：ブロッサムのアクセントでよりいっそう華やかに仕上げました。

❷ BOYZ

アナログツール：パターンペーパー、チップボードアルファベット、ラブオンなど
レイアウトポイント：ハガキサイズの写真2枚とインパクトの強いパターンペーパーを数種類組み合わせ、全体的に少し斜めに配置しました。
コメント：パターンペーパー同士のつなぎ目にミシンをかけてステッチを効かせています。また文字に白色を使うことで、作品に軽さを与えています。

❺ Happiness

アナログツール：カードストック、パターンペーパー、チップボード、ステッカーなど
レイアウトポイント：2Lサイズにプリントした写真を1枚だけ使っています。明るい色のパターンペーパーでボーダーをしっかり入れてバランスをとりました。
コメント：チップボードの花を重ねたり、キラキラしたステッカーのタイトルでかわいらしさをアップさせています。

❹ FIRST MON @ HOME

アナログツール：パターンペーパー、フェルトマット、チップボード、ステッカー、ラブオンなど
レイアウトポイント：子供が生まれてから1ヶ月間の写真をまとめたページです。クリーム色をベースに黒で引き締めています。
コメント：フェルトマットやチップボードを使って作品に立体感を与えることで、色味が少なくても寂しい印象を感じさせないようにしています。

❻ SMILE

アナログツール：パターンペーパー、ダイカット、チップボードアルファベットなど
レイアウトポイント：写真が引き立つように、オレンジをベースに使いました。白をポイントに入れることで軽さを出しています。上部が重すぎてバランスが悪かったので、下部にブルー系のパターンペーパーを置いてバランスをとりました。
コメント：タイトルのフォントや色は2種類のアルファベットステッカーを使って仕上げました。

Scrapbooking Design | PART 2

❼ Sweet Dreams
アナログツール：パターンペーパー、カードストック、ブロッサム、ブラッドなど
レイアウトポイント：2LサイズとLサイズの写真を並べて、その間にブロッサムを散りばめたシンプルな作品です。
コメント：タイトルは、両面テープ状になっているアルファベットステッカーに、ラメの粉を振りかけて余分な粉を落として、アルファベットの部分だけにラメが残る、溶けたような感じに仕上げています。

❽ Spring Is here!
アナログツール：パターンペーパー、チップボードアルファベット、クリアフレームなど
コメント：中心にボーダーとタイトルを置き、両側に写真を配置した珍しいパターンです。写真の下からタグを覗かせて左右のバランスをとりました。
コメント：透明感のあるフレームや花のアクセントで春らしい優しい雰囲気を作っています。

❾ YOU
アナログツール：カードストック、パターンペーパー、チップボードアルファベット、ボタンなど
レイアウトポイント：カラーとモノクロの写真を組み合わせました。
コメント：バックにはブラウンやオリーブ色などの渋めのカラーを使っていますが、大きめのタイトルにライトブルーを使ってベイビーらしい感じを残しました。ボタンを散りばめて程よいアクセントをもたせています。

❿ Our Wedding
アナログツール：パターンペーパー、ブロッサム、リボンなど
レイアウトポイント：12インチの見開きページです。
コメント：たくさん写真を入れたので、カラーもアクセントも控えめにして、エレガントな印象に仕上げました。大きめのブロッサムを重ねて華やかにしています。

⓬ BUMBO
アナログツール：パターンペーパー、ステッカー、リボンなど
レイアウトポイント：シンプルな写真の配置なので、中央にしっかりとボーダーを入れてバランスをとっています。
コメント：写真自体、白の分量が多かったので、明るい色を組み合わせて写真を引き立たせています。子供らしいかわいいイメージで仕上げました。

⓫ Our Lil' One
アナログツール：パターンペーパー、チップボード、ステッカーなど
レイアウトポイント：台紙に使った白のダイカットペーパーの周りに、カットラインに沿って穴を開けています。
コメント：ほかのパターンペーパーも円形にカットしたり、チップボードも丸みのあるものを選んで、組み合わせました。

CHAPTER 3 | Wedding Scrapbooking

1 招待状

ウェディングをイメージしたレースやリボンをコラージュし、招待状を作ります。

Analog Kit
- 厚めのプリント紙（ハガキサイズ）
- 布、レース、リボン、ボタン等ウェディングをイメージした素材各種
- 画用紙（コラージュの台紙用）
- 両面テープ

Digital Tool
- Adobe Photoshop CS4
- デジタルカメラ
- プリンタ
- スキャナ

by Miwa Ishikawa

Scrapbooking Design | PART 2

How to Make

デジタル&アナログでの加工術

1 ウェディングをイメージしたものを撮影します。

2 撮影したデータを Photoshop で開き、ハガキサイズにして、ツールボックスから[横書き文字]ツールを選んで挨拶文を入力し、プリント（ふちなし）します。あとでリボン等を飾りつけるので、文字はあまりふちによらせず、ふちから1cm～1.5cm 内側に入力するようにしましょう。

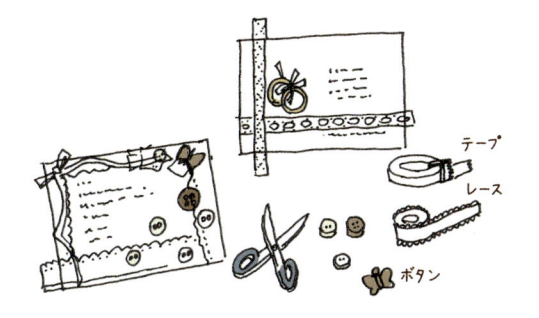

3 プリントしたハガキのふちにレースやリボン、ボタン等を両面テープで貼りつけます。

4 できあがったカードを人数分プリントします。複合機プリンタの場合、原稿を置き、そのままハガキサイズで人数分コピーします。複合機プリンタがない場合は、制作したカードをスキャニングし、もう一度 Photoshop で開き、[イメージ]メニューから[カンバスサイズ]で[幅：148mm、高さ：100mm（ハガキサイズ）]になるよう調節し、写真を人数分プリントします。

リボンは裏で重ね合わせ、両面テープで綴じ、封筒に入れる

5 日時のカードも同じく制作し、リボンで綴じてできあがりです。

> **コピーやスキャンのときのポイント**
> コピーあるいはスキャンするときは、明るめに設定するときれいに仕上がります。

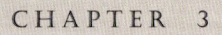

CHAPTER 3 | Wedding Scrapbooking

2 ウェルカムオブジェ ボード

立体的なウェルカムボードでゲストを楽しくお出向え。2人の子どもの頃の写真の間に蜂や蝶が飛び交います。

by Miwa Ishikawa

Analog Kit
- 厚めのプリント紙（ハガキサイズ）
- レースのリボン各種
- 色画用紙（リボン撮影用／濃い色のもの）
- 針金（フラワーアレンジメント用のグリーンのテープが巻かれているもの：#20）
- モス
- オアシス（フラワーアレンジメント用の給水スポンジ）
- 蝶、鳥、キノコ、花等の飾り
- 針金つきのクラフト用の葉
- フローラルテープ
- 器（※今回の作品では紙粘土で作っています。自作しても出来合いのものを使ってもかまいません）
- 色画用紙（2人の名前用）

Digital Tool
- Adobe Photoshop CS4
- デジタルカメラ
- プリンタ

Scrapbooking Design | PART 2

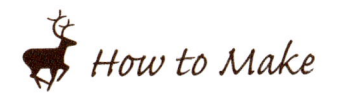

How to Make

デジタルでの加工術

1 色画用紙の上にレースのリボンを置いて、真上から撮影し、パソコンに取り込みます。Photoshopで画像を開きます。ツールボックスから[自動選択]ツールを選び、背景の色画用紙をクリックします。[選択範囲]メニューから[近似色を選択]を選び、背景をすべて選択します。[Delete]キーを押して背景を削除します。

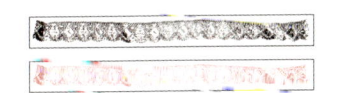

2 [イメージ]メニューから[色調補正]→[2階調化]を選び、表示されたダイアログボックスの下にあるトリムを左右にスライドさせ、リボンの輪郭が浮かび上がったら[OK]ボタンをクリックします。次に[イメージ]メニューから[色調補正]→[色相・彩度]を選びます。[色彩の統一]にチェックを入れ、下のトリムを左右にスライドさせて、色を調整します。用意したリボンすべてをこの手順で加工します。

3 2人の小さい頃の写真を開いて、ハガキサイズのファイルの中にドラッグ&ドロップで並べます。2で加工したリボンをドラッグ&ドロップして配置し、写真の飾りになるように大きさを調整します。リボンの向きを変えるときは、[編集]メニューから[変形]→[回転]を選び、表示されたバウンディングボックスを回転させます。できあがったらふちなしの設定にしてハガキサイズでプリントし、写真を切り離します。

アナログでの加工術

1 針金の先に鉛筆など、丸いものに巻きつけて、写真がはさめるようにクリップを作ります。さらにフローラルテープで葉をつけます。

巻きつけるときのポイント
針金を鉛筆に巻きつけるときはすきまがないようぴったりと巻きつけます。

2 器にオアシスをセットし、上にモスを敷きつめます。

3 写真、蝶、鳥、花、キノコ等をバランスよく器に挿し、色画用紙に「Welcome to Wedding reception 2人の名前」などと入れてから細く切り、ワイヤーで留めて、できあがりです。

43

CHAPTER 3 | Wedding Scrapbooking

3 ウェディングの思い出
アコーディオンブック

ウェディングの思い出の写真を手のひらサイズのアコーディオンブックにします。わざわざアルバムを開かなくても、結婚式の思い出の写真を気軽に見ることができます。

by Miwa Ishikawa

Analog Kit
- プリント紙（A4）
- フェルト
- ボタン
- リボン
- 花のモチーフ（アイロンプリント）
- 両面テープ
- 工作用ボンド

Digital Tool
- Adobe Photoshop CS4
- デジタルカメラ
- プリンタ

Scrapbooking Design | PART 2

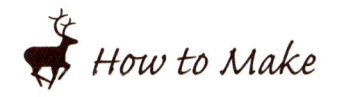

How to Make

デジタルでの加工術

使用データダウンロード先
URL http://blog.shoeisha.com/cafestyle/scrapbooking/

1 結婚式の写真をパソコンに取り込みます。写真を並べる順番、レイアウトを予め考えます。次に、Photoshopで写真を開き、ツールボックスから[切り抜き]ツールを選択し、オプションバーに[幅：70mm、高さ：105mm、解像度：300pixel/inch]の数値を入力して、切り抜きます。

2 新規ファイル（[幅：297mm、高さ：210mm、解像度：300pixel/inch]）を作成します。1で配置した写真を、作成した新規ファイルにドラッグ＆ドロップして、左から順に配置します。

3 各ページにウェブからダウンロードした飾り罫や鳩（chap3-3.psd）をドラッグ＆ドロップして配置します。配置した飾り罫や鳩のレイヤーに透明感を出すため、レイヤーパレットで[不透明度]を[50%]に変更します。

アナログでの加工術

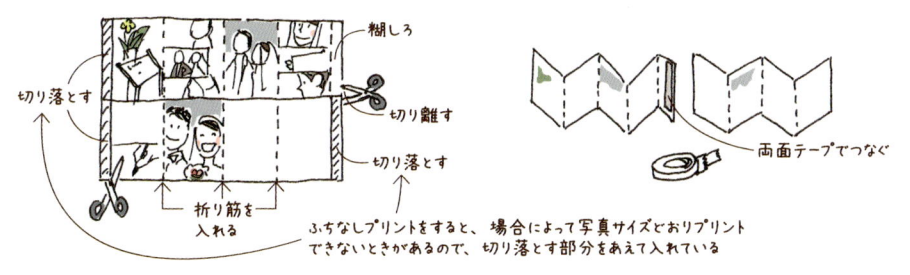

1 デジタル加工で完成したファイルをプリントし、折り筋を入れてから上下を切り離します。切り離した紙を1列になるように両面テープでつなぎ合わせて、折り畳みます。

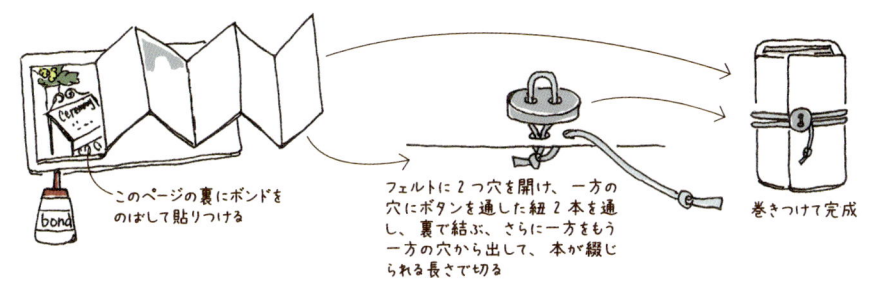

2 工作用ボンドでアコーディオンブックをフェルトに固定し、ボタンやリボンを縫いつけて、できあがりです。

CHAPTER 3 | Wedding Scrapbooking

4 ウェディングの思い出
ペンダント

ウェディングの思い出の写真をアクセサリーにします。実際に身につけるのではなく、額の中に入れて飾ってみてはいかがでしょう。

by Miwa Ishikawa

Analog Kit
- 写真光沢紙
- 土台のパーツ
- 写真を入れるパーツ
- ハートのロケット
- チャーム各種
- 丸カン
- セメダイン
- リボン

Digital Tool
- プリンタ（複合機）

Scrapbooking Design | PART 2

How to Make

1 写真を小さいサイズ（分割プリント）でプリントし、写真を入れるアクセサリーのパーツにセットします。

2 土台のパーツに写真を入れたロケットを取りつけ、リボンを結びつける丸カンもつけます。

3 2の土台のパーツに写真やチャーム各種を並べて、気に入った配置になるようにいろいろ試してみます。

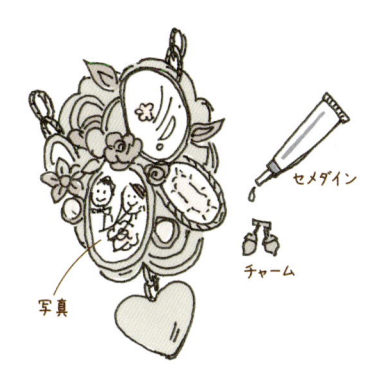

4 セメダインで写真やチャームを貼りつけます。

5 ぶらさげるリボンを結びつけて、できあがりです。

CHAPTER 3 | Wedding Scrapbooking

お花の席札とサンキューカード

花の写真を花輪のようにつなげて、葉に招待客の名前を入れます。裏返すと「Thank you」のメッセージカードの入った封筒をしのばせておきます。

by Miwa Ishikawa

Analog Kit
- 出力紙（ハガキサイズ）
- 花（本番のテーブルに飾る花と同じにすると素敵です）
- 小さい封筒とカード
- はさみ
- 両面テープ

Digital Tool
- Adobe Photoshop CS4
- デジタルカメラ
- プリンタ

Scrapbooking Design | PART 2

How to Make

デジタル＆アナログでの加工術

1 花と葉の写真を真上から撮ります。

2 花の写真をハガキサイズいっぱいになるようにプリントします。

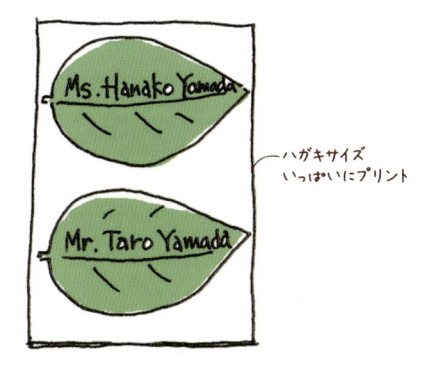

3 葉の写真の上にゲストの名前を入れて、ハガキサイズいっぱいの大きさでプリントします。

4 プリントした花や葉を輪郭に沿って、はさみで切り抜きます。

5 切り抜いた花と葉のバランスを考えながら、花輪になるように並べ、花の両端に小さく切った両面テープを貼ってつなげていきます。

6 裏返し、小さな封筒を貼りつけ、「Thank you」のメッセージカードを入れて、できあがりです。

CHAPTER 3　Wedding Scrapbooking by Miwa Ishikawa

❶ 雑貨フォト ネックレス

アナログツール：ウッドビーズ、写真を入れるパーツ、プリント紙、スプーン、リボン
デジタルツール：Adobe Photoshop CS4
レイアウトポイント：小さい作品なので、わかりにくい写真は避けています。
コメント：実際に身につけてもいいのですが、飾り用として楽しんでもいいと思います。

❷ ウサギのネックレス

アナログツール：プリント紙、鍵、刺繍糸、リネンのリボン、丸カン、チェーン
デジタルツール：Adobe Photoshop CS4
レイアウトポイント：写真のふちは、わざとちぎります。
コメント：少しずらして綴じて、動きを出しています。

❸ 額縁ネックレス

アナログツール：額縁、プリント紙、チェーン
デジタルツール：Adobe Photoshop CS4
レイアウトポイント：写真のふちをちぎり、額縁から少しずらして貼り付けています。
コメント：アンティークのふるぼけた額縁をイメージして、絵が落ちてしまいそうな雰囲気に仕上げています。

❹ 雑貨フォト リング

アナログツール：ウッドビーズ、写真を入れるパーツ、プリント紙、リング、ボタン、チャーム
デジタルツール：Adobe Photoshop CS4
レイアウトポイント：写真と飾りとのバランスを何度も試してみましょう。
コメント：写真に合うチャームやボタンを見つけて、楽しく飾っています。

❺ 思い出の写真を瓶に飾る

アナログツール：瓶、思い出の品、色画用紙、紐
デジタルツール：Adobe Photoshop CS4
レイアウトポイント：写真に合う、思い出の品をセレクトしています。
コメント：思い出の品と一緒に写真やそのときの楽しい気持ちも一緒に入れて、保存しています。

❻ フォトバッグ

アナログツール：フェルト、刺繍糸、ボタン
デジタルツール：Adobe Photoshop CS4
レイアウトポイント：写真のセレクトによって、バッグやボタンの雰囲気を決めています。
コメント：画鋲をつけて飾ると楽しいですし、プレゼントしても喜ばれると思います。

Scrapbooking Design | PART 2

❼アコーディオンギャラリー
アナログツール：厚地の紙、絵の具
デジタルツール：Adobe Photoshop CS4
レイアウトポイント：額縁を絵の具で描いています。
コメント：ギャラリーをイメージして、額縁の中に写真を飾り、アコーディオンは開いたまま飾っています。

❽パッケージアルバム
アナログツール：画用紙、ナイロンポリ袋、スタンプ、絵の具、紐
デジタルツール：なし
レイアウトポイント：写真に合う素材を集めて、使用しています。
コメント：お菓子のパッケージのようなタグを作ります。パッケージの最後のページには、思い出の品をおまけのように入れておきます。

❾ポップアップ-1
アナログツール：プリント紙、バルサ、ブタのミニチュア、パールのビーズ
デジタルツール：Adobe Photoshop CS4
レイアウトポイント：写真に合う素材を集めて、使用しています。
コメント：家を開くと写真が広がるようになっています。

❿ポップアップ-2
アナログツール：厚紙、絵の具、色画用紙、リボン
デジタルツール：Adobe Photoshop CS4
レイアウトポイント：室内をイメージして、厚紙に絵の具で家の中を描いています。
コメント：家の形をしたカードを開くとミニアコーディオンブックが現れます。そのアコーディオンブックを開くと、「ポンッ」と勢いよく写真が飛び出します。

⓫ミニ写真集
アナログツール：表紙用厚紙、色画用紙、リボン、各種パーツ
デジタルツール：Adobe Photoshop CS4
レイアウトポイント：写真に合わせて、綴じ方を工夫しています。
コメント：写真に合わせて、表紙や中台紙、フォトコーナーやリボンなどを選んでいます。

⓬バッグ型パッケージアルバム
アナログツール：画用紙やナイロンポリ袋、スタンプ、リボン、チェーン、その他各種パーツ
デジタルツール：Adobe Photoshop CS4
レイアウトポイント：写真に合わせ、バッグをどのような形にするかを考えました。
コメント：バッグがとにかく好きなので、バッグをモチーフにして作っています。

51

CHAPTER 4 | Baby Scrapbooking

1 Your 1st Year（JAKE 2005）

生まれて1年経った赤ちゃん。1年間に撮った写真から月ごとのベストショットを選び、見開きでレイアウトしてみました。

by Mick

Analog Kit
- カードストック：Bazzill Basics Paper
- パターンペーパー：Melissa Francis
- ブラッド（割りピン）：Making Memories
- スタンプ：Making Memories、Lisa Bearnson KIT Stamp
- スタンプインク：Ranger Industries Inc
- ダイカットツール：Quickutz、Studio Skinny Mini Font
- アルファベットステッカー：American Crafts
- ミシン

Digital Tool
- Adobe Photoshop CS4
- プリンタ

Scrapbooking Design | PART 2

How to Make

デジタルでの加工術

使用データダウンロード先
URL http://blog.shoeisha.com/cafestyle/scrapbooking/

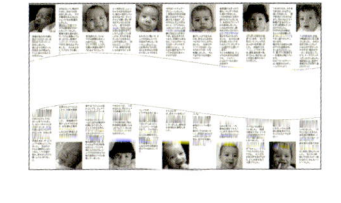

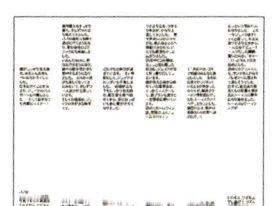

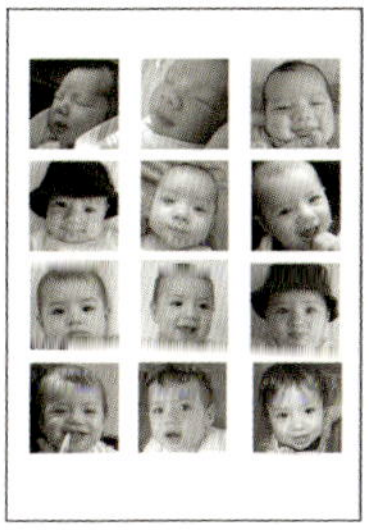

1 Photoshop を開き、新規ファイル（[幅：12 inch、高さ：24 inch、解像度：300pixel /inch]）を作成し、写真とジャーナルを配置して、大まかなレイアウトを決めます。

2 印刷する写真をレターサイズ（A4 変形）にまとめて印刷します。

3 12 インチ平方の大きさで、ジャーナルのみを印刷します。

アナログでの加工術

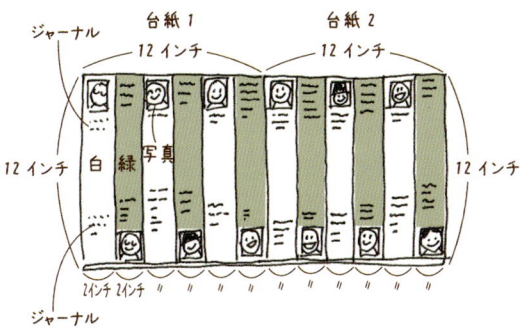

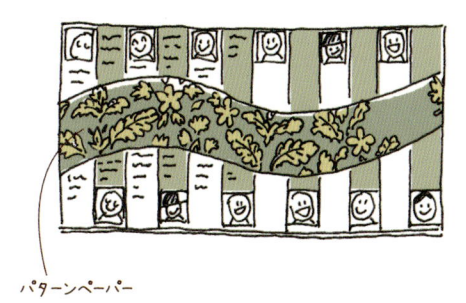

1 印刷した写真とジャーナルをカットして、2 枚の台紙（12 インチ平方）に貼ります。

2 ゆるやかなカーブにカットしたパターンペーパーを貼ります。

3 スタンプやステッカーでタイトルを作り、ブラッドなどのページアクセントをつけて、できあがりです。

53

CHAPTER 4　｜　Baby Scrapbooking

2 Bath

赤ちゃんが大好きなバスタイムの写真をかわいい丸型のアルバムにまとめてみました。

by Mick

Analog Kit

- カードストック：Bazzill Basics Paper
- パターンペーパー：K＆Company, Hambly Screen Prints
- 単語帳リング（大きめの物）：作者私物
- サークルカッター：Provo Craft Coluzzlle
- アルファベットステッカー：BasicGrey
- リボン：American Crafts
- ページアクセント（エンベリ）：フラワー（Prima）、ラインストーン（K＆Company）
- トランスペアレンシー：Hambly Screen Prints
- チップボード（円形）：Bazzill Basics Paper

Digital Tool

- Adobe Photoshop CS4
- プリンタ
- フォント (dingbat：無料ダウンロード Jellodings)
  URL http://jelloween.deviantart.com （英語）

Scrapbooking Design | PART 2

How to Make

デジタルでの加工術

使用データダウンロード先
URL http://blog.shoeisha.com/cafestyle/scrapbooking/

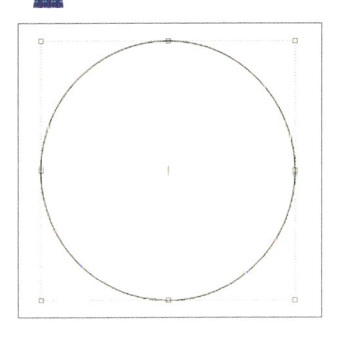

1
Photoshop を開き、新規ファイル（[幅：8.5inch、高さ：11inch、解像度：300pixel/inch]）を作成し、[楕円形]ツールで直径 3.5 インチの円を描きます。

2
[横書き文字]ツールを使って、円の中にジャーナルを入れます。

3
「dingbat」のフォントで別の円の中にイラストを描きます（dingbatとは、絵文字のフォントです。タイプすると文字の代わりに絵文字が出ます）。
完成したらプリントします。

アナログでの加工術

1
サークルカッターを使って、写真やペーパーを円形にカットします。

2
円形にカットした写真やペーパーを、円形のチップボード（コースターのような厚い紙）に貼ります。

3
ページアクセントやパソコンで作成したジャーナルを貼り、チップボードのページに穴を開けて単語帳リングを通します。
リングにもリボンやページアクセントをつけて、できあがりです。

> **アルバム収納のアイディア**
> ギフトでもらうようなバスセットのローションやボディーシャンプーが入っているバスタブの置物をアルバム収納に使うとかわいいですよ。

CHAPTER 4　　Baby Scrapbooking

3 bliss

お気に入りの写真をランダムに並べるだけですてきな1枚になります。

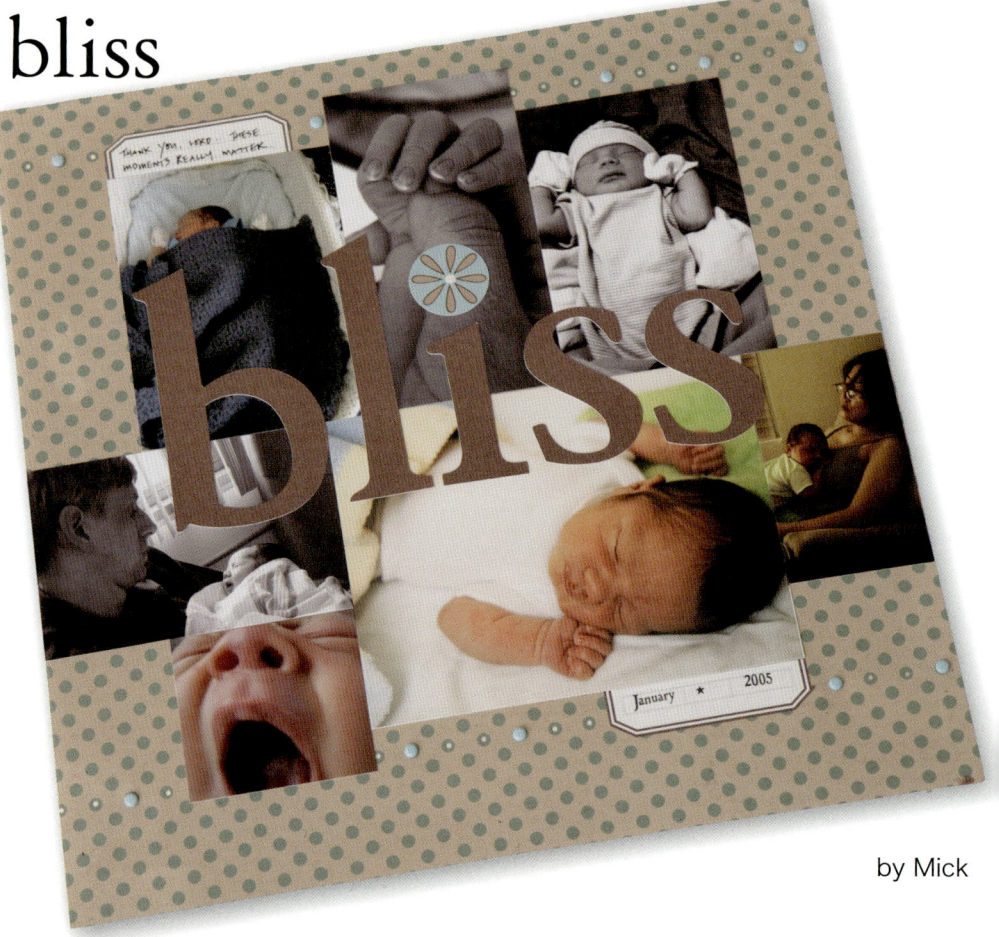

by Mick

Analog Kit
- カードストック：Bazzill Basics Paper
- パターンペーパー：ブランド不明
- 電動ダイカットマシーン（クリカット）
- ブラッド（ワリピン）：Making Memories
- ラベルシール（ジャーナルと日付に使用）：Martha Stewart Craft
- 日付スタンプ、スタンプインク：Making Memories
- ジャーナル用のペン：American Crafts
- 穴あけツール：スクリューポンチ（野中製作所）

- クリカットのHP（英語）
  URL http://www.cricut.com/
- クラフトロボのHP（日本語）
  URL http://craftrobo.jp/index.html

Digital Tool
- Adobe Photoshop CS4
- プリンタ
- スキャナ

56

Scrapbooking Design | PART 2

How to Make

デジタルでの加工術

使用データダウンロード先
URL http://blog.shoeisha.com/cafestyle/scrapbooking/

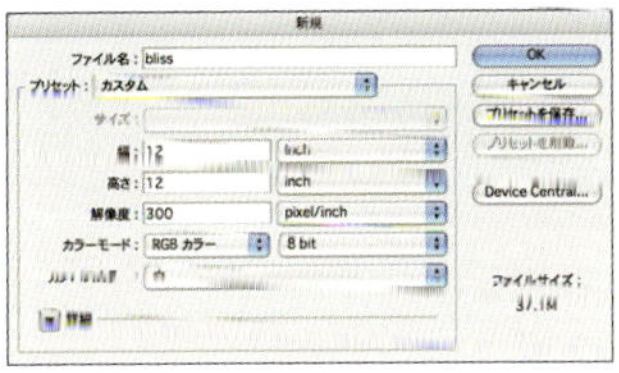

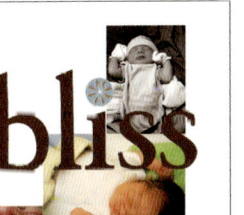

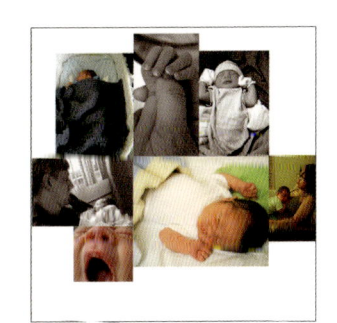

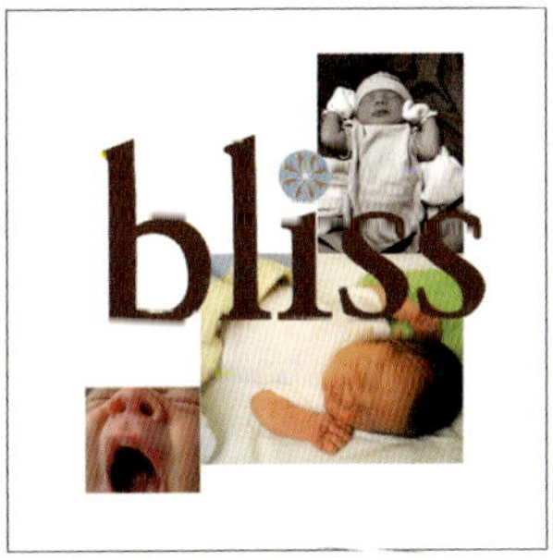

1 Photoshopを開き、新規ファイル（［幅：12inch、高さ：12inch、解像度：300pixel/inch］）を作成します。

2 具体的にイメージしやすいようにダイカットマシーンで作成したレタリングをスキャナで取り込みます。［なげなわ］ツールを使って取り込んだ背景を選択し、削除します。こうすると背景が透明化して、下のレイヤー（写真）を見ることができます。次に写真を配置し、タイトルとのバランスを調整します。

3 タイトルのレイヤーを隠して、写真のみプリントします。

アナログでの加工術

1 ダイカットマシーンで作成したタイトルとプリントした写真をバランスよく配置して貼ります。

2 アクセントとして、スクリューポンチなどでところどころに穴を開けてブラッドを刺して、できあがりです。

穴をあけ、ところどころにブラッドを刺してアクセントにする

57

CHAPTER 4 | Baby Scrapbooking

4 J

by Mick

思い出の宝物は、写真と一緒に箱型アルバムに
ぎゅっと詰めてしまいましょう。

Analog Kit

- ペーパーマシェの箱（作品では本の形をしたものを使用）：作者私物
- 白木のアルファベット（作品ではJの文字を使用）：作者私物
- パターンペーパー：BasicGrey
- カードストック：Bazzill Basics Paper
- ステッカー：K & Company
- スタンプ、スタンプインク：Fusion Art Stamp、Tsukineko
- モッドポッジ（デコパージュ用シーラー）：PLAID
- その他雑貨（空き瓶、キーチェーン、巾着袋など）：Making Memories、作者私物

Scrapbooking Design | PART 2

How to Make

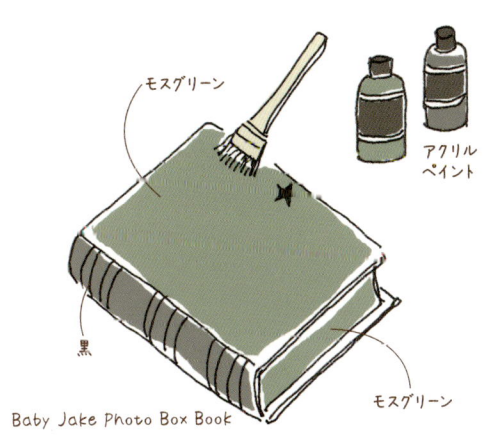

1 ペーパーマシェ（本型の箱）にアクリルペイントで着色します。作品は、本の背表紙部分を黒で塗り、全体と中を緑で着色します。ペイントが完全に乾いたら、表紙と裏表紙の★マーク部分にリボンを通す穴を開けます。

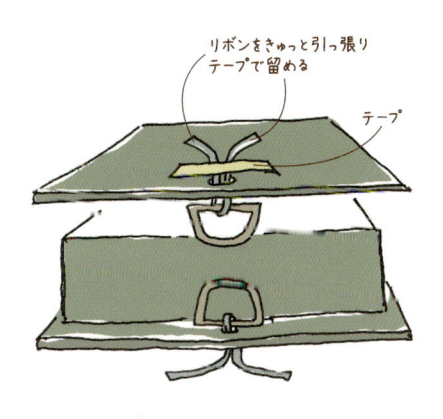

2 D型のリングにリボンを通したものを先ほど開けた穴に通します。リボンの端が表紙側から出るようにし、リボンをきゅっと引っ張りテープなどで固定します。

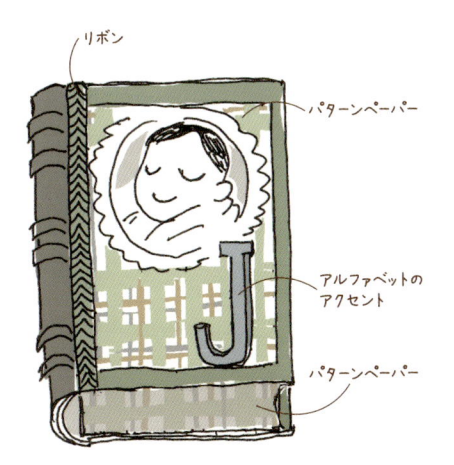

3 先ほどテープで固定したリボンが隠れるように、パターンペーパーを表紙、裏表紙、箱の側面などに貼ります。貼り終わったら、デコパージュ用シーラーを箱全体に塗り、完全に乾かします。

4 箱の内表紙には蛇腹に折ったミニアルバムを貼り、箱の内側には写真や記念に残したい思い出のものなどを貼ったり、好みによってアレンジしてみましょう。

CHAPTER 4 | Baby Scrapbooking

Dance, Sing, Love, and Live

どんなお顔も大好き！　くるくるとよく変わる赤ちゃんの表情の写真を、元気いっぱいのカラーで表現しました。

by Mick

Analog Kit

- パターンペーパー：KI Memories
- カードストック：Bazzill Basics Paper
- フェルトステッカー、アルファベットステッカー：Fancy Pants Designs
- パンチ（同じパターンで2種類のサイズ。作品ではスキャロップとスクエアの特大と大のサイズを使用）：Marvy Uchida

60

Scrapbooking Design | PART 2

How to Make

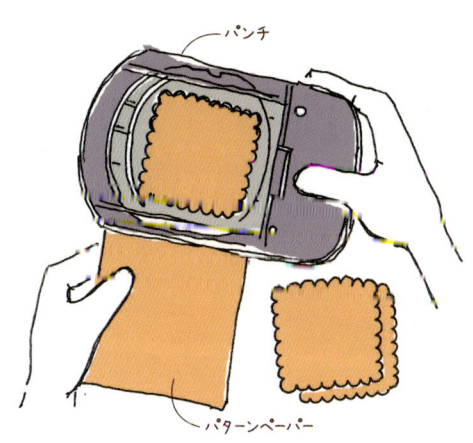

1 好みのパターンペーパーをパンチで抜き、ひとまわり小さいパンチで、写真も同様に抜き形をつけます。

2 パンチで抜いたパターンペーパーの上に写真を貼り、バランスよくカードストックの上に配置します。所々にページアクセントを使い、デコレーションをほどこします。

3 アルファベットステッカーを使ってタイトルをつけます。

4 手書きでジャーナルを書いて、できあがりです。鉛筆で下書きをし、ペンで清書するとよいでしょう。

CHAPTER 4 | Baby Scrapbooking Sample by Mick

❶ Blessings

アナログツール：パターンペーパー、カードストック、ラブオン、ページアクセント（フラワー、ラインストーン）、ステッカー
デジタルツール：Adobe Photoshop CS4
レイアウトポイント：写真をセピア加工しています。
コメント：シックな感じに加工した写真に、ページアクセントをさりげなく添えています。

❷ ADORE

アナログツール：パターンペーパー、カードストック、ステッカー、DYMO（ラベルメーカー）
レイアウトポイント：お気に入りの写真をバランスよく配置しています。
コメント：ステッカーとパターンペーパーだけで作る簡単なレイアウトです。

❸ Dream with J

アナログツール：パターンペーパー、カードストック、チップボード、ラブオン、フォームスタンプ
デジタルツール：Microsoft Word
レイアウトポイント：台紙をユニークな形にカットしました。
コメント：人物だけではなく、人形など赤ちゃんが大好きなものをメインにして、レイアウトをしてみましょう。

❹ Forever

アナログツール：パターンペーパー、カードストック、ラブオン、トランスペアレンシー
デジタルツール：Adobe Photoshop CS4
レイアウトポイント：エレガントなペーパーに合わせてシンプルにまとめています。
コメント：すてきな写真には、お気に入りの詩を添えて、赤ちゃんへの願いを込めてみましょう。

❺ Happy Baby

アナログツール：パターンペーパー、チップボード、アクリルペイント、トランスペアレンシー、ページアクセント（フラワー、ラインストーン）
デジタルツール：Microsoft Word
レイアウトポイント：透けた素材を楽しむレイアウトです。
コメント：赤ちゃんのハッピーな雰囲気が伝わるように、写真を丸くカットしたり、丸いページアクセントを楽しく配置したりしてみました。

❻ かっくん

アナログツール：パターンペーパー、カードストック、ボタン、刺繍糸
デジタルツール：Adobe Photoshop CS4
レイアウトポイント：ページアクセントとして刺繍をしています。
コメント：赤ちゃんにぴったりのかわいらしいパターンペーパーを太めのボーダーとして使ってみました。

Scrapbooking Design | PART 2

❼ Life is Beautiful

アナログツール：パターンペーパー、カードストック、チップボード、スタンプ、ステッカー
レイアウトポイント：パターンペーパーをカーテンのようにカットします。
コメント：手作り感がぐっと出るように、スタンプで楽しくタイトルやジャーナルブロックを作りました。

❽ nice to meet YOU

アナログツール：パターンペーパー、カードストック、アルファベットステッカー、チップボード
レイアウトポイント：パターンペーパーをカットして、ボーダーツールのようにしています。
コメント：厚みのあるアルファベットステッカーでタイトルをつけるだけで、シンプルなレイアウトでも印象的な作品になります。

❾ RYUSHIN

アナログツール：パターンペーパー、ヴェラムペーパー、カードストック、フラワー、フェルトリボン、ブラッド
デジタルツール：Adobe Photoshop CS4
レイアウトポイント：リボンやフラワーを使って華やかにしています。
コメント：半透明のヴェラムペーパーにジャーナルを印刷すると、おしゃれな感じに仕上がります。

❿ You @ 7 Months

アナログツール：パターンペーパー、カードストック、ダイカットマシーン（レタリング作成）、ラブオン、スタンプ
デジタルツール：Microsoft Word、Adobe Photoshop CS4
レイアウトポイント：写真の背景をカットしたり、大小サイズを混ぜたりして、楽しいレイアウトにしています。
コメント：写真を楽しく加工しています。

⓫ you

アナログツール：パターンペーパー、カードストック、ボタン、アクリルペイント、刺繍糸
レイアウトポイント：手芸のようにボタンや刺繍などを使って自由なスタイルにしています。
コメント：ペイントしたタイトルの上から文字を刺繍したり、ボタンを沢山使ったりして、工作のように楽しく作ってみました。

⓬ bubble

アナログツール：パターンペーパー、カードストック、ボーダーパンチ、ホチキス、チップボードアルファベット
デジタルツール：Microsoft Word
レイアウトポイント：時間がないときでも、横長に揃えて素材を配置するだけで、バランスのとれたすてきなレイアウトにすることができます。

CHAPTER 5 | Pet Scrapbooking

by Yoriko Katayanagi

猫の変化するあどけない表情を並べて配置して、
マンガのように仕上げています。

with friends?

Analog Kit

- パターンペーパー：Crate Paper
- ジャーナルタグ：MME
- リボン：American Crafts
- フェルトステッカー：American Crafts
- フェルト蝶々：Heidi Swapp
- ボタン：Autumn Leaves
- フェルト文字：Creative Cafe
- カードストック：Bazzill Basics Paper

64

Scrapbooking Design | PART 2

How to Make

1 写真を3枚、L判サイズ（縦位置）でプリントします。

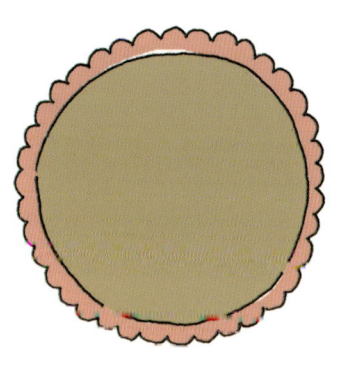

2 パターンペーパーを選び、配置します。

3 茶色のパターンペーパーの周辺にミシンをかけます。

4 写真よりひとまわり大きくカットしたカードストックをマットにして写真を貼ります。それをパターンペーパーに貼ります。タイトルも貼ります。

5 エンベリをつけます。

6 ジャーナルを書き、ラブオンをつけて、できあがりです。

65

CHAPTER 5 | Pet Scrapbooking

2 Kisses

ずっこけた犬の写真を目立たせるように単純な構図にし、エンベリを散らして遊んでみました。

by Yoriko Katayanagi

Analog Kit

- プリントペーパー：October Afternoon
- カードストック：Bazzill Basics Paper
- チップボード文字：Buzz and Bloom
- フェルト花：American Crafts
- ラインストーン：Westrim Crafts
- アクリル絵の具：Delta
- ステッカー：Jenni Bowlin
- 山道テープ：Maya Road
- チップボード：Maya Road
- サンドペーパー：150番

Scrapbooking Design | PART 2

How to Make

1 写真を3枚、L判サイズ（縦位置）でプリントします。

ふちはサンドペーパー（150番）を軽くかけて、白くする
L判サイズ

2 写真に合わせて、ベースのカードストックを選びます。

カードストック

3 ベースに合うパターンペーパー3枚を写真と同じ大きさにカットして、ふちにミシンをかけ、はさみの刃などを使ってディストレス（こすって傷つける）します。ベースのカードストックも同様にディストレスします。

ディストレス
パターンペーパー
ミシン目
ディストレス

4 タイトル用のチップボードにアクリル絵の具で色を塗り、パターンペーパーを飾りとして貼り、ふちに茶色のペンでラインを入れます。そして茶色のスタンプインクで汚れたような感じにします。

汚れた感じにする
チップボード
プリントペーパー
アクリル絵の具
スタンプ

5 タイトルを貼り、文字のステッカーでジャーナルを作ります。

ステッカー
タイトル

6 エンベリをつけて、できあがりです。

エンベリ

67

CHAPTER 5 | Pet Scrapbooking

3

2 チップボードミニブック

子供と犬の楽しかった11年の思い出を手芸チックにして、小さな1冊にまとめました。

（表）

（中面）

（中面）

by Yoriko Katayanagi

Analog Kit

- チップボードミニブック：Maya Road
- パターンペーパー：American Crafts、Creative Imaginations
- チップボード文字：Making Memories
- リボン、スパンコール：Rusty Pickle
- ベルベットリボン：BasicGrey
- ハートチップボード：Bazzill Basics Paper
- フェルト：作者私物
- 荷物札：作者私物
- ブラッズ：Making Memories

Scrapbooking Design | PART 2

How to Make

1 写真を白黒で6枚用意します。
L判サイズでカットできるもの。テーマは子供と犬

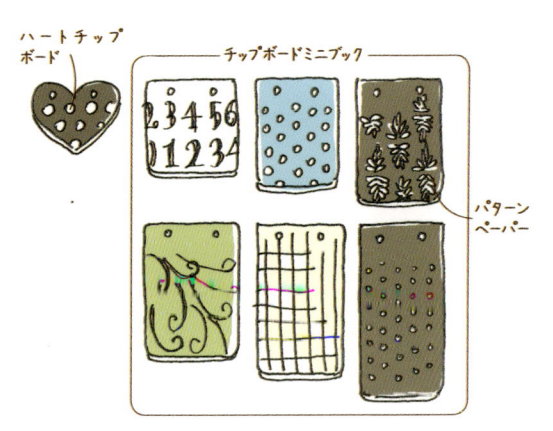

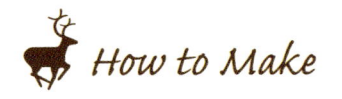

2 チップボードミニブックに、色がだぶらないようにパターンペーパーを表裏ともに貼ります。
ハートチップボード／チップボードミニブック／パターンペーパー

3 それぞれのページに写真を貼ります。
写真

4 エンベリをつけます。
リボン／ベルベットリボン

5 タイトル用のチップボード文字「2」を型紙にしてグリーンのフェルトを切り抜き、ふちにブルーの刺繡糸でステッチをします。
型紙にしたチップボード文字「2」には黒のラメを塗ります。
チップボード文字／フェルト／黒のラメ／フェルト／チップボード文字

6 表紙のハートのチップボードにフェルトを貼ります。表紙の次のページにチップボードのタイトルを貼り、リングでまとめまて、できあがりです。
リング／フェルト

CHAPTER 5 | Pet Scrapbooking

4 My Dog ハウスミニブック

かわいいハウス型のミニアルバムに飼ってきた犬の思い出を
いっぱいつめました。

by Yoriko Katayanagi

(表)　(裏)

Analog Kit

- チップボードハウス：Maya Road
- パターンペーパー：Making Memories
- チップボード：花（Buzz & Bloom）、鳥（Maya Road）
- ボンボン：Bazzill Basics Paper
- チップボード文字：BasicGrey
- フォームズステッカー：October Afternoon
- ペーパーフラワー：Making Memories
- ボタン：Making Memories

Scrapbooking Design | PART 2

How to Make

1 チップボードハウスにパターンペーパーを貼り、ふちを茶色のスタンプインクで汚します。

2 屋根のふちにボンボンのリボンを貼り、壁の部分にはチップボードの花や文字を貼ります。

3 中身のチップボードの表裏ともに、色が重ならないようにパターンペーパーを貼り、インクを塗ります。

4 写真を用意して、表側に貼ります。

5 表側の1枚目と裏側全部にチップボード文字を貼り、エンベリをつけて、ジャーナルを書きます。

6 リングを通してつなげて、できあがりです。

71

CHAPTER 5 | Pet Scrapbooking

by Yoriko Katayanagi

部屋に飾れるようにキャンバスを使って作ってあります。
いろいろな大きさで作って組み合わせて壁に飾るとすてきです。

5 together キャンバス

Analog Kit

- 板キャンバス：8×8インチ
- パターンペーパー：October Afternoon、Heidi Swapp、Making Memories、BoBunny、Fancy Pants、Humbly Prints
- 山道ベルベットテープ：Maya Road
- ラインストーン：Heidi Swapp
- 文字ステッカー：American Crafts
- ラブオン：Fancy Pants
- アクリル絵の具：Delta
- ペーパーフラワー：Making Memories
- フェルト：作者私物
- ペン：Sakura

Scrapbooking Design | PART 2

How to Make

1 キャンバスにグリーンとブルーのアクリル絵の具を塗ります。

アクリル絵の具
ブルー
グリーン

2 絵の具が乾かないうちに、乾いたキッチンペーパーで全体を拭き取り、明るくします。また、雲にしたい部分は、濡れたキッチンペーパーかウェットティッシュでしっかりと拭きとります。

キッチンペーパー

3 乾かして、ふちに黒いペンで模様を描きます。

4 写真を用意して、貼ります。

写真

5 いろいろなパターンペーパーを花の形にカットして貼ります。花の茎を山道ベルベットテープで作ります。葉っぱはフェルトで作ります。

パターンペーパー
山道ベルベットテープ
フェルト

6 タイトルを貼り、ラブオンをこすって貼ります。ダイカットで抜いた蝶々も貼ります。

蝶々
ラブオン
ステッカー

CHAPTER 5 | Pet Scrapbooking Sample by Yoriko Katayanagi

❶ Halloween

アナログツール：パターンペーパー（American Crafts、Sassafras lass）、チップボード（Scenic Route Paper、Maya Road）
レイアウトポイント：ハロウィンらしくパターンペーパーのふちにやすりをかけたり、はさみの刃で傷つけたりして、仕上げます。
コメント：ハロウィンの仮装をさせて撮った写真に合わせて作りました。

❷ Fall

アナログツール：カードストック（Bazzill Basics Paper）、パターンペーパー（BasicGrey）、チップボード（BasicGrey）
レイアウトポイント：写真を丸くカットして、カードストックのふちをスキャロップ（山波）型にカットしています。
コメント：写真を丸くカットして、楽しく遊んでいる姿を表現してみました。

❸ HUG, KISS

アナログツール：カードストック（Bazzill Basics Paper）、パターンペーパー（Pink Paislee）
レイアウトポイント：飾りや写真をまとめて作るのが今風なので、そんな感じに仕上げています。
コメント：きょとんとした表情があまりにもかキュートなので、全体的にかわいらしく仕上げました。

❹ LOVE

アナログツール：カードストック（Bazzill Basics Paper）、チップボード（Buzz & Bloom）
レイアウトポイント：大きなチップボードにアクリル絵の具で着色して、いろんな素材のエンベリをつけています。
コメント：ハート形なのでピンクの色を使って、ラブリーな感じにしました。

❺ Monjiro

アナログツール：タイトルペーパー（KI Memories）、文字ステッカー（American Crafts）
レイアウトポイント：ダイカットペーパーとクリアを使い、透明感を活かして作っています。
コメント：犬の毛色に合わせて、渋めの色で仕上げました。

❻ August

アナログツール：パターンペーパー（American Crafts）、フェルト／フォーム（American Crafts）、クリア花（Maya Road）
レイアウトポイント：透明のアクリルをカットして、壁飾りに仕上げています。
コメント：クリアな色を使って、プール遊びの楽しい感じにしました。

Scrapbooking Design | PART 2

❼ Sweet

アナログツール：パターンペーパー（Sassafrass lass）、カードストック（Bazzill Basics Paper）、チップボード（BasicGrey）
レイアウトポイント：カードストックに刺繍糸でステッチをして、ハート型にカットしたペーパーをランダムに散らしています。
コメント：のん気な犬の写真の雰囲気を活かして、ラブリーに仕上げました。

❽ DAISY

アナログツール：パターンペーパー（Fancy Pants）、チップボード（Maya Road）、チップボード文字（America Crafts）
レイアウトポイント：クラウンの形のアルバムなので、中身はシンプルにしてあります。
コメント：いろんな表情の写真を集めて、ラブリーな感じにしました。

❾ JOY

アナログツール：チップボード（Maya Road）、パターンペーパー（Scenic Route Paper）
レイアウトポイント：グリーンのパターンペーパーをつなげて、景色のように作りました。
コメント：庭を元気に走りまわる感じに作りました。

❿ キャンバス

アナログツール：キャンバス、布、ボタン、皮、山道テープ
レイアウトポイント：キャンバスにアクリル絵の具を塗り、メディウムを糊代わりにして布などをコラージュしました。
コメント：自由に好きな材料を使って楽しく仕上げました。

⓫ Sweet 壁飾り

アナログツール：カードストック（Bazzill Basics Paper）、チップボード文字（BasicGrey）
レイアウトポイント：濃淡のピンクのカードストックにリボンを通して、壁飾りに仕上げました。
コメント：イタリア語の新聞をアレンジして使いました。

⓬ h

アナログツール：パターンペーパー（Fancy Pants）、フェルト（Fancy Pants）
レイアウトポイント：小さなアクリルフレームに合わせて、簡単でかわいい額縁にしてあります。
コメント：花はフレームの表面につけて、中の写真を変えられるようにしました。

75

CHAPTER 6 | Kids Scrapbooking

1 Heart Book

誕生の日からずっと撮りためた赤ちゃんのころの写真の中から、パパとママのお気に入りのショットをたくさん選んで、ハートの形でリボンのついた、かわいいフレームの絵本を作りました。画像の背景色をピンク／オレンジ／黄緑色などに塗りつぶして、色違いのハート型のフレームを作るとかわいいですよ。

Analog Kit

- 画用紙
- オーガンジーリボン
- はさみ
- 両面テープ

Digital Tool

- Adobe Photoshop CS4
- デジタルカメラ
- プリンタ

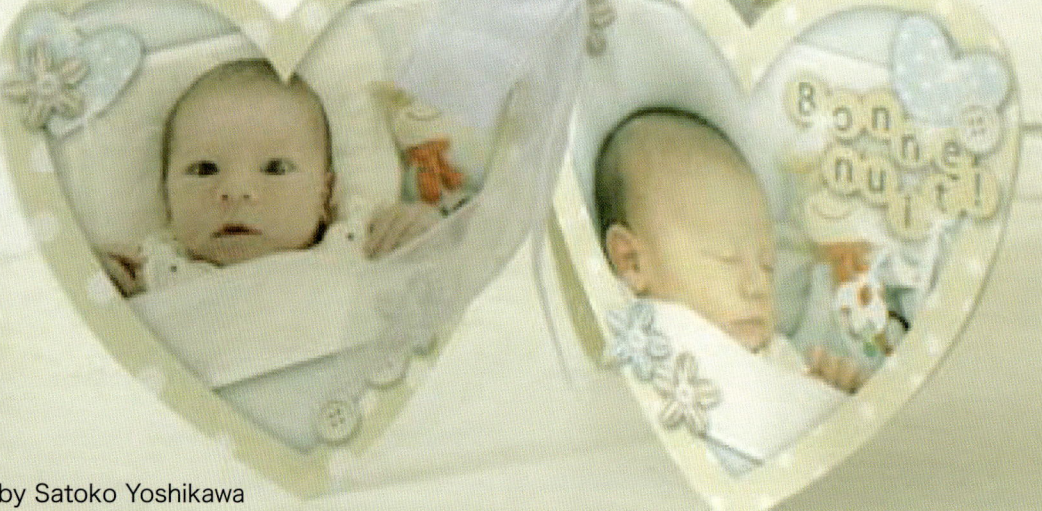

by Satoko Yoshikawa

76

Scrapbooking Design | PART 2

How to Make

デジタルでの加工術

使用データダウンロード先
URL http://blog.shoeisha.com/cafestyle/scrapbooking/

1
使用したい写真をトリミングして、白いふちをつけたい部分に選択範囲を作成し、［選択範囲を反転］を選択して白く塗りつぶします。ウェブからダウンロードしたファイル（chap6-1.psd）を開き、ハート型のフレームに［ブラシ］ツールで大小2種類の水玉模様を描いて、内側の余分な部分を消しておきます。

2
写真をハート型のフレームの画像に［移動］ツールで移動します。レイヤーパレットで、ハート型のフレームのレイヤーの下に写真を移動します。イラスト、花、メッセージの画像も、好きな位置に移動して調整します。

3
新規レイヤーを作成し、［描画色］を白に設定して、［ブラシ］ツールの［カスタムブラシ］から「星のきらめき（大）」を選択して、ブラシサイズを変えながら、きらきらさせたい場所をクリックして仕上げます。

アナログでの加工術

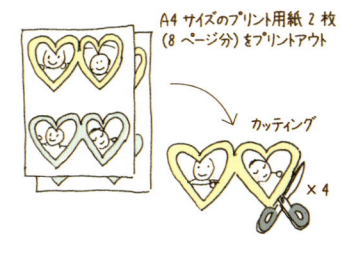

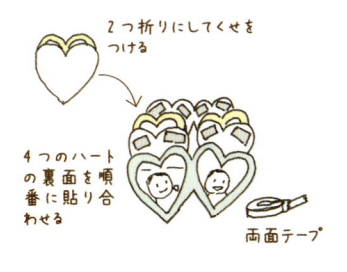

1
できあがったデータを画用紙にプリントし、はさみでハートの形に切り抜きます。

2
プリントした面を内側にして2つ折にします。写真の順番に、白い裏面を合わせます。両面テープなどで貼り合わせます。

3
リボンを下で交差させて蝶結びにします。リボンを好みの長さにカットします。

CHAPTER 6 | Kids Scrapbooking

CD Jacket

2

Analog Kit
- A4 プリント用紙
- CD ケース
- カッター
- カッティングマット

Digital Tool
- Adobe Photoshop CS4
- デジタルカメラ
- プリンタ

デジタル画像やかわいいモチーフをスクラップしたかわいい手作りジャケットを作りました。
写真のカラーを使ってタイトルをタイプしたり、イラストやモチーフを好きな位置にアレンジしたりしています。

by Satoko Yoshikawa

Scrapbooking Design | PART 2

How to Make

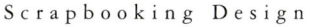

デジタルでの加工術

使用データダウンロード先
URL http://blog.shoeisha.com/cafestyle/scrapbooking/

1
使用したい写真をトリミングして、[イメージ]メニューから[モード]を選択して、[グレースケール]に変換します。次に[ダブルトーン]のモードを選択し、ブラウン系のインキを2色選んで、雰囲気のあるイメージに加工します。

2
加工した写真をウェブからダウンロードしたCDジャケットの画像（chap6-2-1.psd）に[移動]ツールで移動します。画像の大きさや位置を調整します。

3
イラストや花、蝶の画像（chap6-2-2.psd）を移動して、好きな位置に調整します。
タイトルの文字数に合わせて、大きさの違う白い円を[円形]ツールで作成して、[横書き文字]ツールで、フォントやサイズに変化をつけながら、タイトルなどを入れて仕上げます。

アナログでの加工術

1
A4サイズのプリント用紙にプリント

できあがったデータをプリントします。

2
カッティングして2つ折りにする

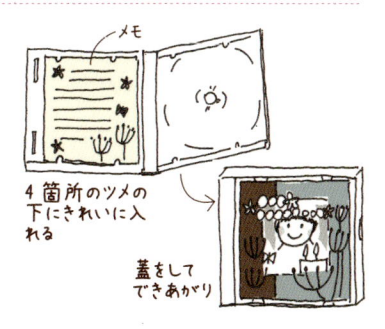

プリントした用紙をジャケットサイズにカットします（120〜122mmの正方形ができあがりサイズ）。中央の折り線に、目打ちやカッターの刃の背の部分で少し折り線をつけておくときれいに折れます。

3
メモ
4箇所のツメの下にきれいに入れる
蓋をしてできあがり

2つ折りにし、CDケースにセットして、できあがりです。裏面のメモの部分にCDの内容を書き込んでおくと、データの整理に役立ちます。

79

CHAPTER 6 | Kids Scrapbooking

Book Cover

思い出の写真をレイアウトした
ハードカバーを文庫本につけて、
すてきな本に仕上げました。見
返し部分にも丸く切り抜いた写
真とイラストを飾っています。

by Satoko Yoshikawa

Analog Kit
- A4 プリント用紙
- 厚紙
- はさみ
- 糊
- 文庫本

Digital Tool
- Adobe Photoshop CS4
- デジタルカメラ
- プリンタ

Scrapbooking Design | PART 2

How to Make

デジタルでの加工術

使用データダウンロード先
URL http://blog.shoeisha.com/cafestyle/scrapbooking/

1
使用したい写真をトリミングして、ウェブからダウンロードした表紙の画像（chap6-3.psd）に［移動］ツールで移動します。レイヤーパレットのイラストのフレームのレイヤーの下に写真を移動します。画像の余分な部分は［Delete］キーを押して消します。

2
表紙の画像に、タイトルの文字数に合わせて長方形を並べ、［移動］ツールで大きさや位置を調整します。イラスト同士の重なりの位置や角度、花の色を全体的にバランスよくレイアウトします。

3
並べた白い長方形の中に、［横書き文字］ツールでカラーや位置に変化をつけながら、タイトルを入れて仕上げます。タグに年号や日付、名前などを入れるとかわいい感じになります。

アナログでの加工術

1
A4サイズのプリント用紙にプリント

できあがったデータをプリントします。

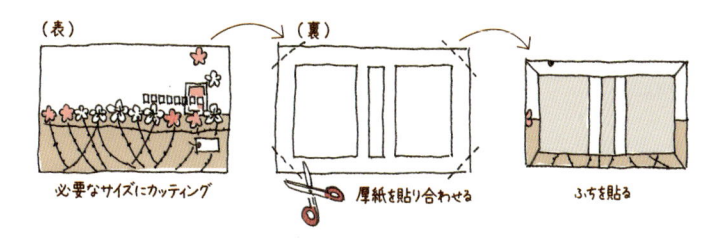

2
（表）（裏）
必要なサイズにカッティング　厚紙を貼り合わせる　ふちを貼る

プリントした用紙を使用するサイズにカットします。厚紙を貼る位置を確認して、表紙を作ります。

3
本の背を加工したものと貼り合わせます。1日程度、重しで押し固めて、乾燥させるとできあがりです。

81

CHAPTER 6 | Kids Scrapbooking

4 カマンベールチーズ

面白いデザインのカマンベールチーズを見つけました。そのパッケージの赤いギンガムチェックのイメージを活かし、クリスマスの頃に撮影した写真を使ってかわいいアルバムを作りました。少し食べてしまうのを我慢してチーズを撮影し、タイトルを入れて表紙を作りました。

Analog Kit
- A4プリント用紙
- リング
- はさみ
- 糊
- カマンベールチーズの箱

Digital Tool
- Adobe Photoshop CS4
- デジタルカメラ
- プリンタ

by Satoko Yoshikawa

Scrapbooking Design | PART 2

How to Make

使用データダウンロード先
URL http://blog.shoeisha.com/cafestyle/scrapbooking/

デジタルでの加工術

1
Photoshopで使用したい写真を開き、トリミング＆保存し、複製して2枚分準備します。［イメージ］メニューから［モード］を選択し、［RGBカラー］と［グレースケール］にそれぞれ変換します。

2
2枚の写真をウェブからダウンロードした丸いカードの画像（chap6-4.psd）に［移動］ツールで移動します。レイヤーパレットの上にグレースケール、下にRGBカラーの画像を配置します。［消しゴム］ツールで、グレースケールの帽子の部分を消して、RGBカラーの赤い帽子が見えるようにします。

3
［カスタムシェイプ］ツールから「自然」→「雪片3」を選び、［カラー］を白に設定して、雪模様を全体に散りばめます。続けて「オブジェクト」→「5ポイントの星形」を選び、［カラー］を赤に設定して、星を描きます。［横書き文字］ツールでタイトルやメッセージを入れて、できあがりです。

アナログでの加工術

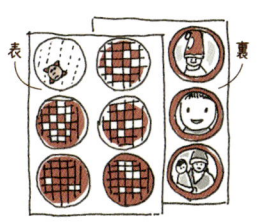

A4サイズのプリント用紙に必要な枚数（表裏セット）をプリントする

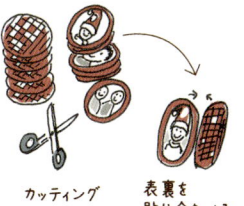

1
できあがったデータをプリントします。

2
はさみで丸い形に切り抜き、表裏を糊で貼り合せます。

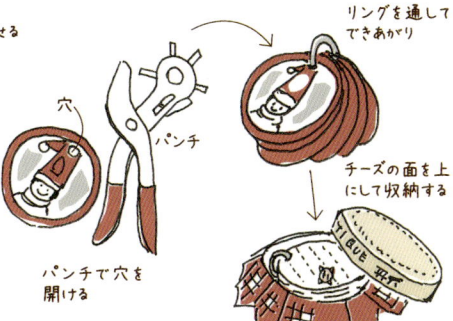

カッティング
表裏を貼り合わせる

3
パンチで穴を開けて、リングで綴じるとできあがりです。

穴
パンチ
パンチで穴を開ける

リングを通してできあがり

チーズの面を上にして収納する

83

CHAPTER 6 | Kids Scrapbooking

5 Bellows Book

2つ折りにした真四角の表紙をかわいい形にカットして、細いリボンで結んだアルバムです。シンプルなデニムの草模様と蝶のデザインの表紙のアルバムの中を開くと、蛇腹に折ったクラスの写真が出てきます。

Analog Kit
- A4プリント用紙
- 厚紙
- はさみ
- 両面テープ
- リボン

Digital Tool
- Adobe Photoshop CS4
- デジタルカメラ
- プリンタ

by Satoko Yoshikawa

Scrapbooking Design | PART 2

How to Make

デジタルでの加工術

使用データダウンロード先
URL http://blog.shoeisha.com/cafestyle/scrapbooking/

1
Photoshopで使用したい写真を2枚を開き、トリミングします。白いふちをつけたい部分に選択範囲を作成し、[選択範囲]メニューから[選択範囲を反転]を選択して白く塗りつぶします。

2
使用する写真をウェブからダウンロードしたアルバムの画像(chap6-5.psd)に[移動]ツールで移動して、大きさや位置を調整します。

3
イラスト同士の重なりの位置や角度を調整し、全体的にバランスよくレイアウトします。[ブラシ]ツールを使い、ラフな白いラインで文字をふちどるとかわいいイメージに仕上がります。

蛇腹に使う写真
蛇腹に使うもう1枚の写真（クラスの写真）は、[ブラシ]ツールで背景を消しておきます。

アナログでの加工術

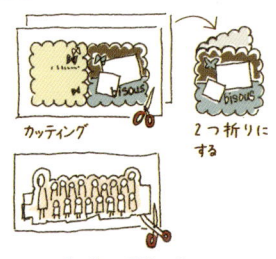

1
できあがったデータをプリントし、中央で2つ折りにします。クラス写真は白い部分を残して切り抜いて、貼りつける部分を残して、蛇腹に折ります。

カッティング / 2つ折りにする / A4サイズのプリント用紙にプリント

2
ひとまわり小さいサイズに切ったシリアルの空き箱などの厚紙にリボンをテープでしっかりつけます。クラス写真を差し込む位置をカッターで切って、端の部分を貼ります。

白ふちを残してカット / 切り込みを入れ、蛇腹を差し込む / ひとまわり小さくカットした原紙に紐をつけて、両面テープを表裏に貼る

3
厚紙を挟んで裏面と表面を貼り合わせ、紐を結ぶとできあがりです。

内側から見た図 / 原紙を中に挟んで、両面テープで貼り合わせる / 紐を背で交差させて、2回巻いて蝶結びをする

CHAPTER 6　Kids Scrapbooking Sample by Satoko Yoshikawa

❶ りんごブック

アナログツール：画用紙、はさみ、両面テープ、オーガンジーリボン
デジタルツール：Adobe Photoshop CS4、デジタルカメラ、プリンタ
レイアウトポイント：かわいいカラーの洋服に似合うデザインです。顔が隠れないようにイラストやアルファベットを飾るとかわいい感じに仕上がります。
コメント：フレームの色を変えると、いろいろなイメージのりんごブックができます。

❷ 丸ブック

アナログツール：画用紙、はさみ、両面テープ、オーガンジーリボン
デジタルツール：Adobe Photoshop CS4、デジタルカメラ、プリンタ
レイアウトポイント：シンプルなフレームを使うことで、笑顔が引き立ちます。左右対称にならないようにフレームの飾りをレイアウトします。
コメント：フレームの色と同じイメージの服を着ている写真を選ぶと、とってもかわいい感じに仕上がります。

❸ お花ブック

アナログツール：画用紙、はさみ、両面テープ、オーガンジーリボン
デジタルツール：Adobe Photoshop CS4、デジタルカメラ、プリンタ
レイアウトポイント：花やクッキーのイメージしたかわいいフレームです。いろんな顔の角度の写真を左右にレイアウトしています。
コメント：麻紐やコットンの細い紐で結んでも、ナチュラルな感じのかわいいイメージになります。

❹ ピンク CD ジャケット

アナログツール：プリント用紙、カッター、カッティングマット
デジタルツール：Adobe Photoshop CS4、デジタルカメラ、プリンタ
レイアウトポイント：手編みの小さな花をたくさん散りばめています。丸く切り抜いたグレースケールの画像の内側にシャドウをつけています。
コメント：色違いの作品を作るとかわいいコレクションになります。

❺ グレー CD ジャケット

アナログツール：プリント用紙、カッター、カッティングマット
デジタルツール：Adobe Photoshop CS4、デジタルカメラ、プリンタ
レイアウトポイント：濃い緑の自然の背景の写真をグレースケールで仕上げます。ポイントになる色で全体をカラーコーディネイトします。
コメント：横長のフレーミングの写真を選ぶときれいにレイアウトできます。

❻ ベージュ CD ジャケット

アナログツール：画用紙、カッター、カッティングマット
デジタルツール：Adobe Photoshop CS4、デジタルカメラ、プリンタ
レイアウトポイント：シックでナチュラルなイメージのカラーのジャケットです。[消しゴム]ツールを[ブラシ]に設定し、フレームに合わせて写真のふちを消します。
コメント：色違いの作品を作るとかわいいコレクションになります。

Scrapbooking Design | PART 2

❼ ピンク・クマカバー
アナログツール：プリント用紙、厚紙、カッター、カッティングマット、糊など
デジタルツール：Adobe Photoshop CS4、デジタルカメラ、プリンタ
レイアウトポイント：公園で遊ぶ姿の写真にくまを加え、子供の対向となる位置に座らせています。
コメント：タイトルの文字なども、くまのカラーに合わせながらデザインすると格好いいですよ。

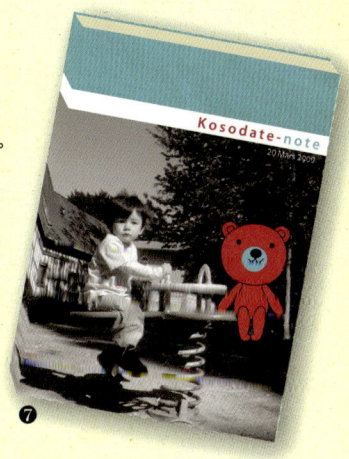

❽ 連続写真・カバー
アナログツール：プリント用紙、厚紙、カッター、カッティングマット、糊など
デジタルツール：Adobe Photoshop CS4、デジタルカメラ、プリンタ
レイアウトポイント：同じ場面で撮影した写真を使ってデザインしています。写真に合う色で角丸長方形／花模様／水玉模様を配置するとかわいい感じになります。
コメント：布の画像とナチュラルな感じの色でやさしいイメージに仕上げています。

❾ グリーン・カマンベールチーズブック
アナログツール：プリント用紙、はさみ、糊、パンチ、リング
デジタルツール：Adobe Photoshop CS4、デジタルカメラ、プリンタ
レイアウトポイント：グリーンのギンガムチェックの丸いフレームです。自然の中で撮影した写真で作っています。
コメント：グリーンのフレームと合うように、写真やインテリアなどを選ぶときれいにまとまります。

❿ ブルー・カマンベールチーズブック
アナログツール：プリント用紙、はさみ、糊、パンチ、リング
デジタルツール：Adobe Photoshop CS4、デジタルカメラ、プリンタ
レイアウトポイント：公園の遊具で遊ぶ元気いっぱいの子供の写真で作りました。いろいろな角度から撮影した写真を使うと楽しいですよ。
コメント：Photoshop の [イメージ] メニューから [色調補正] → [色相・彩度] を選んで、フレームをブルーのギンガムチェックにしています。

⓫ お泊まり・蛇腹ブック
アナログツール：プリント用紙、はさみ、両面テープ、リボン
デジタルツール：Adobe Photoshop CS4、デジタルカメラ、プリンタ
レイアウトポイント：公園の遊具で遊ぶ姿の写真を蛇腹にしています。お泊りの夜と次の日の様子を左右に分けてレイアウトしています。
コメント：表紙は印象的な場面をグレースケールとブルーでデザインしています。

⓬ 海・蛇腹ブック
アナログツール：画用紙、はさみ、糊、両面テープ、リボン
デジタルツール：Adobe Photoshop CS4、デジタルカメラ、プリンタ
レイアウトポイント：ピンクのデニムの表紙に海で遊ぶ写真を使ってシンプルにデザインしています。お気に入りの写真を厳選して大きくレイアウトしましょう。
コメント：表紙に落書きっぽく手書きで白い線画を描くと、かわいい感じに仕上がります。

87

CHAPTER 7 | Life Scrapbooking

1 Review 08
ミニアコーディオンアルバム

一年を通して撮った写真をまとめて、12×6インチのアコーディオンアルバム作ると、すてきなプレゼントになります、ボリュームたっぷりですよ。

by Catherine Saeko Piehl

Analog Kit

- カードストック：Bazzill Basics Paper
- パターンペーパー：Clear Stamps
- アルファベットステッカー：Sandy Lion
- 花＆ラインストーン：Kaiser Craft
- リボン：Offray
- インク：Tsukineko
- ブレード：Making Memories
- ペン：Sakura Craypas

Scrapbooking Design | PART 2

How to Make

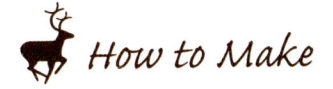

1 2枚のカードストックをそれぞれ半分に折ります。アコーディオンになるように、重ねて糊でつけます。

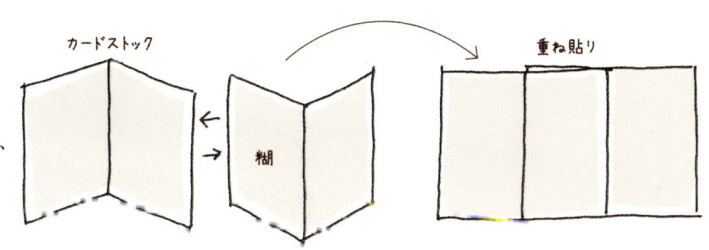

2 表裏が使えるパターンペーパーを3種類選びます。

3 パターンペーパーに合うカードストックを2色選びます。

4 表紙を作ります。アルファベットステッカーを使って、タイトルを上のほうにつけます。

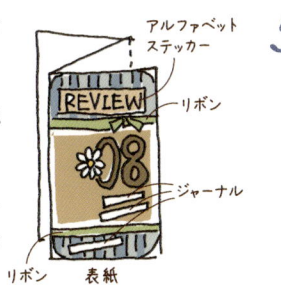

5 裏はポケットになるように糊づけします。

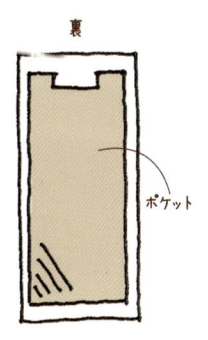

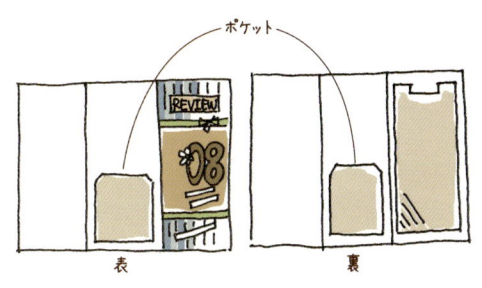

6 表と裏の中心にポケットを作ります。

7 残りの2つのページにパターンペーパーでボーダーをつけます。

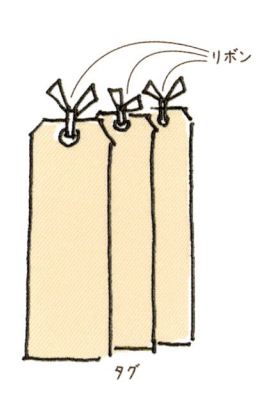

8 ポケットに入れるために、タグを3枚作ります。上のほうに穴を開けて、リボンをつけます。

9 最後に写真を貼って、できあがりです。

89

CHAPTER 7 | Life Scrapbooking

Autumn's Palette

2

風景と物の写真はシンプルに作ると写真が引き立ちます。逆に装飾つけすぎると写真に目がいかなくなるので注意してください。

by Catherine Saeko Piehl

Analog Kit

- カードストック：Bazzill Basics Paper
- ラブオン：Pink Paislee
- パターンペーパー：Cosmo Cricket
- チップボードアルファベット：BasicGrey
- クリアスタンプ：Autumn Leaves
- メタルアクセント：Close to My Heart
- リボン：Offray

Scrapbooking Design | PART 2

How to Make

1 写真を4枚選んで、L判サイズにプリントします。

2 写真に合うカードストックを選んで、写真の配置を決めます。

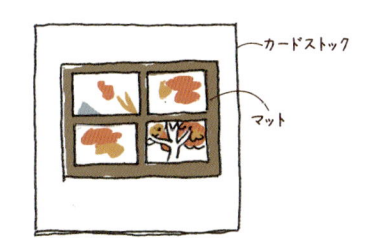

3 写真に合う色を選んで、写真にマットを貼り、それをカードストックに貼ります。

4 写真の雰囲気に合っているパターンペーパーを使って、左側にボーダーをつけます。

5 もっと全体の流れがよくなるよう、ラブオンを四角形にして配置します。

6 もっと印象的になるよう、フォーカルポイントの写真にメタルのアクセントとリボンをつけます。

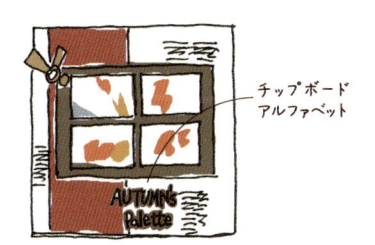

7 次にタイトルを目立たせるために、立体的なチップボードアルファベットをつけます。

8 最後にクリアスタンプを使って、ジャーナルを書いて、できあがりです。

CHAPTER 7 | Life Scrapbooking

by Catherine Saeko Piehl

和風のスクラップブッキングの材料は、あまり見かけません。和風のデザインにしたい場合、和風の模様紙を使うと、全体的に和のテイストになります。

Himeji

3

Analog Kit

- カードストック：Bazzill Basics Paper
- パターンペーパー：Making Memories、K & Company
- ブラッズ：Making Memories
- チップボードアルファベット：BasicGrey

Scrapbooking Design | PART 2

How to Make

1 写真5枚をL判サイズでプリントします。

2 写真の雰囲気に合わせて、パターンペーパーを3種類選びます。

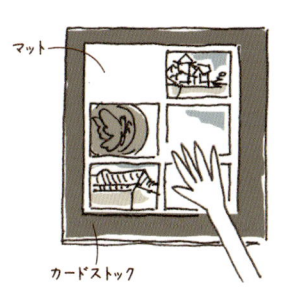

3 写真の配置を決めて、写真をマットに貼り、それをカードストックに貼ります。

4 右側と下に細いボーダーとして2種類のパターンペーパーを配置して、全体的にしまった感じにします。

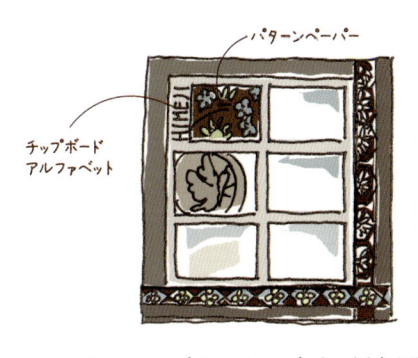

5 フォーカルポイントとして左上に写真を引き立ててくれるパターンペーパーを写真サイズより少し小さくカットして配置します。その横にチップボードアルファベットを使ってタイトルをつけます。

6 右下の写真も少し小さくカットして、チップボードアルファベットを使って日付をつけます。

7 最後に全体の印象を強くするため、ボーダーとサブタイトルにブラッズをつけます。

CHAPTER 7 | Life Scrapbooking

Home Sweet Home

4

普通の写真を使う場合、写真から一旦離れて、パターン系の模様紙か落ち着いた感じの模様紙を選び、全体のデザインを先に考えるといいですね。

by Catherine Saeko Piehl

Analog Kit

- カードストック：Bazzill Basics Paper
- パターンペーパー&クリアスタンプ：BasicGrey
- チップボード：Maya Road
- インク：Tsukineko
- ペン：Sakura Craypas
- クリアスタンプ：Close to My Heart
- アルファベットダイカット：Quickutz（Silhouette／Postcard）

Scrapbooking Design | PART 2

How to Make

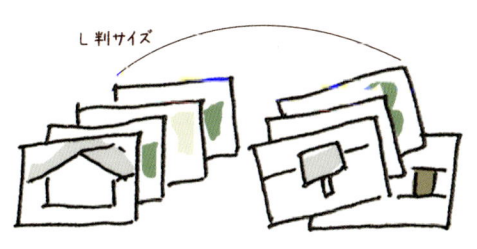

1. 写真を8枚、L判サイズにプリントします。

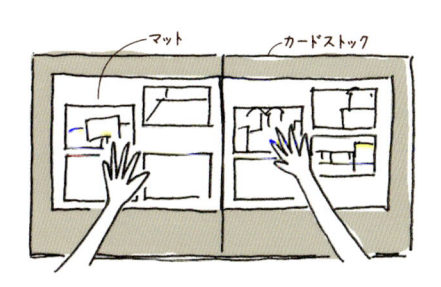

2. 写真の配置を決めて、マットをつけます。

3. 写真だけでは面白くないので、少しかわいいパターンペーパーを3種類選びます。

4. 上と下にボーダーをつけて、全体のレイアウトを引き締めます。

5. 家のチップボードにパターンペーパーをつけます。ハートにもインクをつけて、家のチップボードにのせます。

6. タイトルと家のチップボードを流れるように配置します。

7. もう少し印象的にするために、クリアスタンプを左右に押します。

8. 左下にジャーナルを入れ、マットをつけて、できあがりです。

CHAPTER 7 | Life Scrapbooking

5 JOYS

普通のミニアルバムをプレゼントすると喜ばれます。リボンや花をたくさんのせるともっとかわいく見えて、最高のプレゼントになると思います。

by Catherine Saeko Piehl

Analog Kit

- カードストック：Bazzill Basics Paper
- パターンペーパー＆花：Kaiser Craft
- インク：Tsukineko
- ペン：Sakura Craypas
- リボン：Offray
- クリアスタンプ：Autumn Leaves
- フォームスタンプ：Making Memories
- Glitter Glue：Ranger
- 模様はさみ：Cloud（Fiskars）
- そのほか：Rings、Button、Star

Scrapbooking Design | PART 2

How to Make

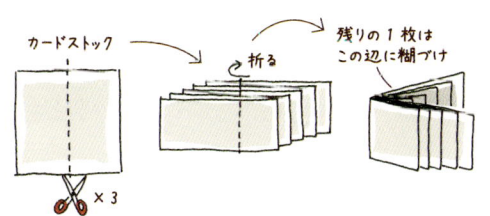

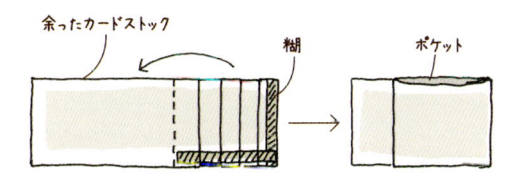

1 3枚のカードストックをそれぞれ半分のサイズに切ります。階段を流れるように5枚を重ねます。1ページのサイズを決めたら、余ったカードストックを後ろに折り、後ろにポケットを作り、糊づけします。

2 模様はさみでボーダーを作ります。表紙の上と下にそのボーダーをつけます。フォームスタンプを使ってタイトルを押します。

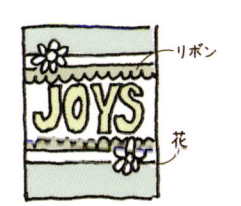

3 タイトルを活かすためにリボンと花をつけます。

4 中面のページには、左右にパターンペーパーを貼ります。左側には、開けやすいように丸いタブをつけます。

5 8枚から10枚の写真を貼ります(サイズはL判かハガキサイズ)。

6 写真を貼ったあとに、写真に合う飾りつけをします。

7 後ろのポケットに入れるタグを作ります。タグの上のほうに穴を開けて、リボンをつけます。そこにも、写真を貼るか、ジャーナルを入れます。

8 2箇所に穴を開け、リングをつけて、3種類のリボンで結ぶと、できあがりです。

CHAPTER 7 | Life Scrapbooking Sample by Catherine Saeko Piehl

❶ Sweet Kate's B-day

アナログツール：パターンペーパー、カードストック、ブラッツ、リボン、アルファベットステッカー、スタンプ、インク、ダイカット、ペーパーフラワー
レイアウトポイント：女の子の誕生日のパーティーなので、子供のように楽しさを感じてもらうため、大きめのハートを使っています。
コメント：ごちゃごちゃしている写真が多いので、左上などにまとめて落ち着いた感じにしています。

❸ First Time

アナログツール：パターンペーパー、カードストック、リボン、フラワー、ブラッツ、チップボード、ラブオン、スタンプ、ペーパークリップ、ダイカットツール
レイアウトポイント：渋いパターンペーパーを使って、かわいらしく見せています。
コメント：リボンや花をつけるとかわいらしくなります。

❷ Such a perfect day

アナログツール：パターンペーパー、カードストック、アルファベットステッカー、ダイカット、タイトル、ペン、ブリング
レイアウトポイント：短時間で作れる点です。
コメント：写真の中で空いた場所にアルファベットステッカーでサブタイトルを貼ると、すてきになります。

❹ Home Sweet Home

アナログツール：カードストック、パターンペーパー、リボン、ソフトアクセント、ブラッツ、クリアスタンプ
コメント：友人が前に住んでた家の中で撮ったいろいろな写真を楽しく整理しました。

❺ Fun Times

アナログツール：パターンペーパー、カードストック、ダイカットチップボード、ブラッツ、リボン、ブリング、ステープル
レイアウトポイント：多くの写真がある場合、左右対称にして配置すると、きれいにまとめることができます。
コメント：見開きの場合、必ず左にあるものを右にも使うとバランスがとれます。

❻ Funny Face

アナログツール：パターンペーパー、カードストック、リボン、ブラッツ、ペイント、ファームスタンプ、インク、サークルテンプレート、ステープル、ペーパーフラワー
レイアウトポイント：パターンペーパーをいろいろ使いました。
コメント：パターンペーパーは大人っぽい柄なので、ペイントをして遊び心を演出しました。

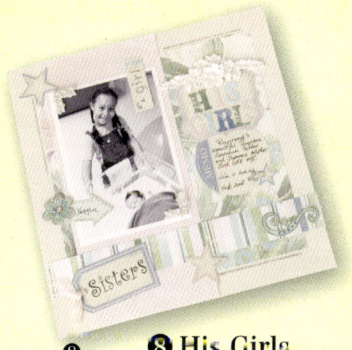

Scrapbooking Design | PART 2

❼ CATHY
アナログツール：パターンペーパー、カードストック、リボン、メタルアクセント、ペーパーフラワー、インク、チップボードボーダー、オーバルテンプレート、スタンプ、模様はさみ
レイアウトポイント：少しアジアンの感じを出したかったので、細いラインを並べて花を散らしました。
コメント：主役は子供なので、楽しさを出すため、大きめの花をたくさん貼りました。

❽ His Girls
アナログツール：パターンペーパー、カードストック、ダイカット、ステッカー、リボン、スタンプ、ブリング
レイアウトポイント：Baby がテーマなので、淡い色を使いました。
コメント：写真の中で空いた所にダイカットを重ねると、写真の印象が良くなります。

❾ JOY
アナログツール：パターンペーパー、カードストック、ペーパーフラワー、ブラッツ、ダイカトステッカー、ペン、インク、ダイカットマシーン
レイアウトポイント：女の子なのに、男の子みたいなので、シャワーのようにハートを配置しました。
コメント：ハートの数には注意してください、むやみに貼ってしまうと、見る人も落ち着かなくなるので、フォーカルポイントを決めて（目立たせたい写真やタイトル、ジャーナルなど）、流れるように配置しましょう。

❿ 10 Months
アナログツール：パターンペーパー、カードストック、スタンプ、インク、フラワー、リーンストーン、ダイカットマシーン
レイアウトポイント：シンプルイズベストです。
コメント：頭が切れてる写真の場合、この作品のように花を重ねると、切れてる箇所が目立たなくなります（比率には注意してください）。

⓫ Live Love Laugh
アナログツール：パターンペーパー、カードストック、フラワー、ボタン、リボン、ジャーナルカード、ダイカット、ブラッツ、アルファベットステッカー
レイアウトポイント：沢山の写真を整理したいとき、レイアウト全体にポケットを作ってみましょう。
コメント：あまり良くない写真はポケットに入れておくと、作品全体の仕上がりに影響しません。

⓬ Sand Sumer Sea
アナログツール：パターンペーパー、カードストック、リボン、ブラッツ、インク、ペン、ボタン、フラワー、ステープル、ダイカットマシーン、スタンプ
レイアウトポイント：良い写真はそれほど装飾品する必要はありません。
コメント：良い写真を使う場合、タイトルを活かす装飾とジャーナルに活かす装飾をつけるだけで、十分すてきな感じになります。

CHAPTER 8 | Travel Scrapbooking

1 Cotswolds 12インチアルバム

旅行の写真をゆったりと1冊のアルバムに
仕立ててみませんか。

by chalk

Analog Kit
- カードストック（台紙）：Bazzill Basics Paper
- レース：fog linen work
- 鉛筆
- テープ糊／液体糊
- ミシン
- 12インチアルバム

Digital Tool
- Adobe Photoshop Elements 7.0
- デジタルカメラ
- プリンタ

Scrapbooking Design | PART 2

How to Make

1 写真を眺めて頭の中の旅の記憶をゆっくり思い出します。

楽しかったな〜

2 好きな写真やなぜか目に留まる写真を選んでプリントします。

プリント

3 やさしい色合いの台紙に、まるで昔のアルバムのように写真を撮影順にきちんと並べます。

4 印象深い写真のまわりには、ミシンで細いレースを縫いつけます。

ミシン

5 写真をテープ糊で（レースをつけたものは液体糊などで）、台紙に貼ります。

カードストック
テープ糊

6 写真のそばに日付や場所を書き添えます。何枚かページを作り、1冊のアルバムにまとめると、できあがりです。

12インチアルバム

101

CHAPTER 8 | Travel Scrapbooking

2 souvenir 12インチレイアウト

お土産を買ったら、全部食べて記念撮影しましょう。

by chalk

Analog Kit
- カードストック（台紙）: Bazzill Basics Paper
- テープ糊
- 鉛筆
- ホチキス（ステンレス針）
- はさみ

Digital Tool
- Adobe Photoshop Elements 7.0
- デジタルカメラ
- プリンタ

Scrapbooking Design | PART 2

How to Make

デジタルでの加工術

1
お土産を買ったら、ホテルの部屋や窓際に置いて、ひとつずつデジカメで撮影します。買った場所や旅の空気感も一緒に記録しましょう。

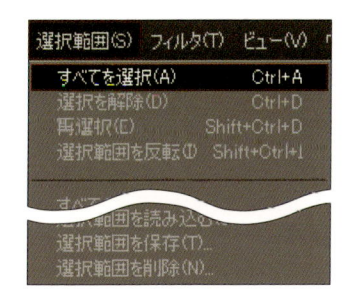

2
Photoshop Elementsで撮影したデジカメ写真を開き、あらかじめ別名で保存してから作業を開始します。次に［選択範囲］メニューから［すべてを選択］を選択して、カット＆ペーストします。

3
ペーストしたレイヤーを［イメージ］メニューから［サイズ変更］→［拡大・縮小］を選択して、好きなサイズに変更します。

4
1枚の画像に複数の写真を入れてもOKです。最後に［レイヤー］メニューから［画像を統合］を選択して保存し、プリントしましょう。

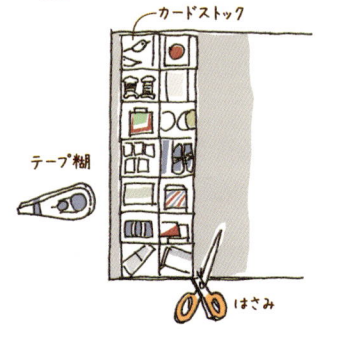

アナログでの加工術

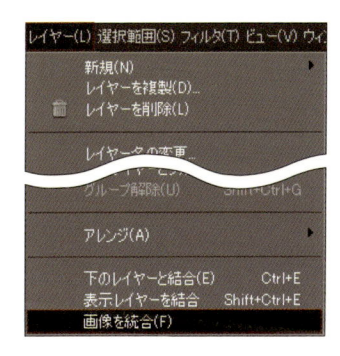

1
プリントした写真は、青いカードストックの上に並べてテープ糊で貼りましょう。これをはさみで細長く切り、茶色の台紙に貼ります。

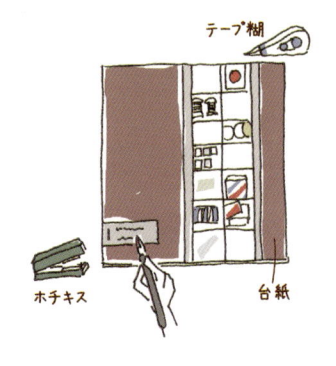

2
カードストックの切れ端にタイトルと旅行の日付を書き、テープ糊とホチキスで台紙に留めたらできあがりです。

103

CHAPTER 8 | Travel Scrapbooking

3 the view　12インチレイアウト

窓からの眺めをそのまま切り取ったような、フレーム作品です。

by chalk

Analog Kit
- カードストック（台紙）：Bazzill Basics Paper
- テープ糊
- 鉛筆
- 12インチ用フレーム

Digital Tool
- Adobe Photoshop Elements 7.0
- デジタルカメラ
- スキャナ
- プリンタ

Scrapbooking Design | PART 2

How to Make

デジタルでの加工術

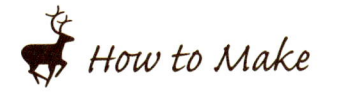

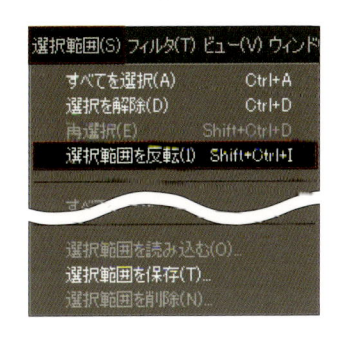

1
旅先で、ホテルの部屋に入りホッと落ち着いたとき、カメラを持って窓辺や部屋から見える眺めを撮ります。

2
白い紙に黒の濃い鉛筆かペンで写真に合う詩や好きな文を書き、スキャナで取り込みます。

3
Photoshop Elementsでスキャンした画像を開き、文字以外の余白を［自動選択］ツールでクリックし、［選択範囲］メニューから［選択範囲を反転］を選んで、文字を選択します。

4
コピーした文字をあらかじめ開いておいた旅の写真にペーストして、［レイヤー］メニューから［画像を統合］を選択して画像を統合し、jpg形式で保存します。

アナログでの加工術

1
穏やかな色のカードストックの上に旅行先で撮った写真を並べて貼ります。デジタルでの加工術（2〜4）で作った手書きの言葉を入れた写真も一緒に添えてみましょう。

2
旅の出来事を思い浮かべながら日付などのコメントを添えると、遠い国の窓辺が静かに記憶によみがえってきます。

CHAPTER 8 | Travel Scrapbooking

4 旅行の標本箱 box frame

旅で見つけた宝物が逃げないように、小さな標本箱に閉じ込めましょう。

by chalk

Analog Kit
- 旅行で見つけた小物や紙切れなど
- 標本箱（コルク底）
- ピン
- ラベル
- はさみ

Digital Tool
- Adobe Photoshop Elements 7.0
- デジタルカメラ
- スキャナ
- プリンタ

Scrapbooking Design | PART 2

How to Make

デジタルでの加工術

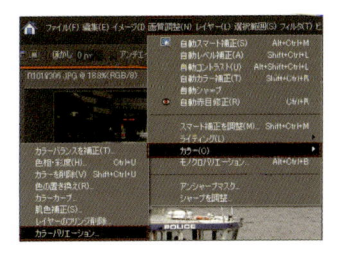

1
Photoshop Elements で使用するデジカメ写真を開き、あらかじめ別名で保存してから作業を開始します。[画質調整]メニューから[カラー]→[カラーバリエーション]を選択します。

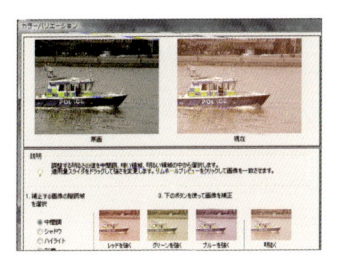

2
[カラーバリエーション]ダイアログで、明るくしたり、色あせたようにしたり、雰囲気を変えてみましょう。

3
箱に合わせてサイズも小さく縮小（P.103 参照）したら、jpg 形式で保存します。

アナログでの加工術

1
デジタルで色やサイズを変えた写真をプリントして、必要に応じてはさみで切り分けておきます。

2
旅行で見つけた小物や紙切れ、記入したラベルなどを写真と組み合わせ、標本箱の中にピンで留めていきます。

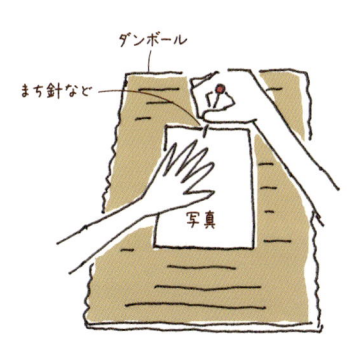

3
ピンが刺しにくいときは、いらないダンボールの上で太めの針を使って先にピン穴を空けておきましょう。

CHAPTER 8 | Travel Scrapbooking

5 Travelog デジタルレイアウト

すべてパソコンで作る簡単デジタルレイアウトなら、工作が苦手でも大丈夫。

by chalk

Analog Kit
- 飾るためのフレームまたはアルバム（写真では８インチサイズのアルバムに入れています）

Digital Tool
- Adobe Photoshop Elements 7.0
- プリンタ

108

Scrapbooking Design | PART 2

How to Make

デジタルでの加工術

使用データダウンロード先
URL http://blog.shoeisha.com/cafestyle/scrapbooking/

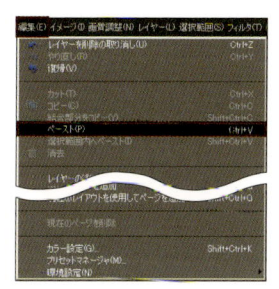

1 ウェブからダウンロードしたファイル（chap8_1.psd）を Photoshop Elements で開きます。その画面の上にあらかじめコピーしておいた旅行の写真を［編集］メニューから［ペースト］を選択して、ペーストします。

2 写真の四隅の小さな四角いコーナーハンドルを［Shift］キーを押しながらドラッグして、写真のサイズをフレームに合わせます。写真をドラッグすると、位置を調整できます。

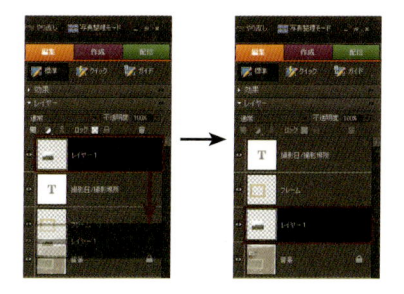

3 レイヤーパレットを確認して、ペーストした写真のレイヤー「レイヤー1」を上の図のように「フレーム」と「台紙」のレイヤーの間にドラッグ＆ドロップします。

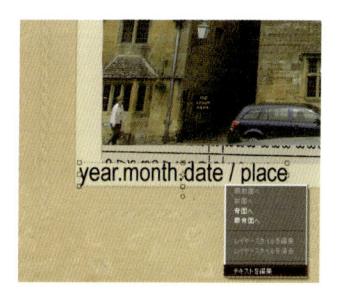

4 画面のフレーム左下の文字「year.month.date / place」を右クリックして、［テキストを編集］を選択し、撮影日や場所を入力します。

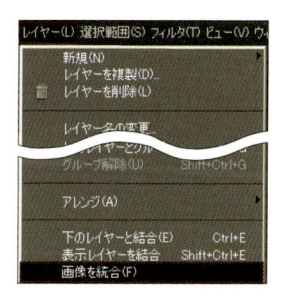

5 完成したら、名前をつけて保存します。ファイル形式を jpeg 形式に変更するときは、［レイヤー］メニューから［画像を統合］を選択して画像を統合しておきます。

6 完成した作品データは、小さくリサイズすれば e-mail に添付して送信できます。プリントして仲間に配ったり、8インチレイアウトに使ったり、年賀状など好きなサイズに変えたりしてみましょう。

アルバムに入れる

109

CHAPTER 8 | Travel Scrapbooking Sample by chalk

❶ トランプ・アルバム

アナログツール：古いトランプ、ミシン、ボールチェーン
デジタルツール：Adobe Photoshop CS4、デジタルカメラ、プリンタ
レイアウトポイント：アンティーク風に仕上げました。
コメント：ミシンを使って写真を縫いつけています。

❷ フィルムフレーム

アナログツール：なし
デジタルツール：Adobe Photoshop Elements 7.0、デジタルカメラ、プリンタ
ダウンロードファイル：filmframeW.psd、filmframeB.psd
URL http://blog.shoeisha.com/cafestyle/scrapbooking/
レイアウトポイント：フィルム風デジタルフレームです。
コメント：デジカメ写真がフィルムのようになります。

❸ メッセージ・ポストカード

アナログツール：濃い鉛筆、ペン
デジタルツール：Adobe Photoshop Elements 7.0、デジタルカメラ、スキャナ、プリンタ
レイアウトポイント：P.104 の the view をアレンジしたものです。
コメント：ハガキサイズにプリントしています。

❹ グリーティングカード

アナログツール：カードストック、濃い鉛筆かペン
デジタルツール：Adobe Photoshop Elements 7.0、デジタルカメラ、スキャナ、プリンタ
レイアウトポイント：❸の「メッセージ・ポストカード」をグリーティングカードにアレンジ。
コメント：2つ折りのカードストックに貼って、カード仕立てにしています。

❺ カメラ・アルバム

アナログツール：厚紙、ワイヤーリング、ストラップ
デジタルツール：コピー機
レイアウトポイント：ストラップつきのフォトアルバムです。
コメント：愛用カメラをコピーして表紙に使っています。

❻ エアメール・ミニアルバム

アナログツール：カードストック、厚紙、封筒
デジタルツール：Adobe Photoshop Elements 7.0、デジタルカメラ、プリンタ
レイアウトポイント：航空便の封筒をアクセントにしています。
コメント：写真サイズに合わせて作りました。

Scrapbooking Design | PART 2

❼アコーディオンブック

アナログツール：アコーディオンブック、古ラベル
デジタルツール：Adobe Photoshop Elements 7.0、デジタルカメラ、プリンタ
レイアウトポイント：表紙にラベルをたくさん貼っています。
コメント：市販の蛇腹手帳に写真を貼るだけで、完成です。

❽旅の小箱

アナログツール：小さな空き箱
デジタルツール：Adobe Photoshop Elements 7.0、デジタルカメラ、プリンタ
レイアウトポイント：小さな写真を貼っています。
コメント：旅のお土産を入れる小箱です。

❾小さなお土産

アナログツール：厚紙、紐、ペンか鉛筆
デジタルツール：Adobe Photoshop Elements 7.0、デジタルカメラ、プリンタ
レイアウトポイント：P.102のsouvenirをアレンジしたものです。
コメント：小さな写真を貼り、紐で結んでいます。

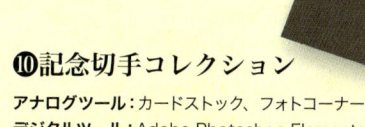

❿記念切手コレクション

アナログツール：カードストック、フォトコーナー
デジタルツール：Adobe Photoshop Elements 7.0、デジタルカメラ、プリンタ
レイアウトポイント：記念切手をコレクションしています。
コメント：旅で見つけた収集品も一緒にスクラップブッキング！

⓫恐竜切手アルバム

アナログツール：カードストック、ホチキス（ステンレス針）、切手用ヒンジ
デジタルツール：Adobe Photoshop Elements 7.0、デジタルカメラ、プリンタ
レイアウトポイント：お土産に買った切手です。
コメント：お気に入りを写真と組み合わせてみましょう。

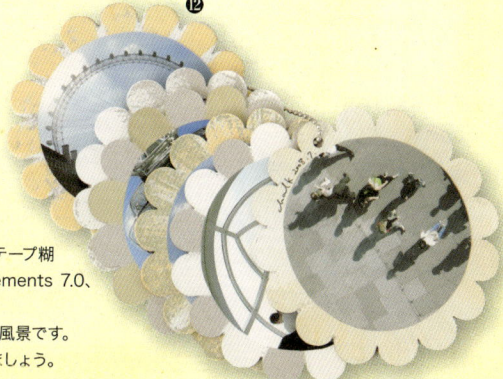

⓬丸いミニブック

アナログツール：チップボードミニブック、テープ糊
デジタルツール：Adobe Photoshop Elements 7.0、デジタルカメラ、プリンタ
レイアウトポイント：望遠鏡で覗いたような風景です。
コメント：ときには写真を丸くカットしてみましょう。

CHAPTER 9 | Ribbon Scrapbooking

by Mari Miyamoto

リボンやラインストーンを使って、シンプルでかわらしい
レイアウトを手早く作れるようにまとめています。

1 my angel

Analog Kit

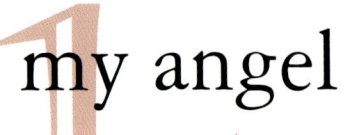

- カードストック：Bazzill Basics Paper
- パターンペーパー：Autumn Leaves
- ラインストーン：Heidi Swapp
- チップボード：BasicGrey
- ステッカー：Making Memories
- リボン：American Crafts

Scrapbooking Design | PART 2

How to Make

パターンペーパー❶
パターンペーパー❷

1
パターンペーパー❷を中心より上部に配置します。

パターンペーパー❶
パターンペーパー❷
写真
無地のパターンペーパー

2
無地のパターンペーパーを写真よりひとまわり大きくカットして貼ります。次に無地のパターンペーパーの上に写真を貼ります。

ラインストーンのシールを貼る
リボンを貼る
リボン

3
ラインストーンのシールを貼り、次にリボンを貼ります。

チップボード
ステッカー

4
タイトルのチップボードとジャーナルのステッカーを貼り、できあがりです。

CHAPTER 9 | Ribbon Scrapbooking

by Mari Miyamoto

ハートという一種類の形をテクスチャーの異なるアイテム（パターンペーパー／金属／プラスチック）で楽しんでいます。

Kitty 2

Analog Kit

- カードストック：Bazzill Basics Paper
- パターンペーパー：K & Company
- ブラッズ：Queen & Company
- ボタン：作者私物
- リボン：木馬
- テンプレート：コラゾル
- ダイカットマシーン：Quickutz

Scrapbooking Design | PART 2

How to Make

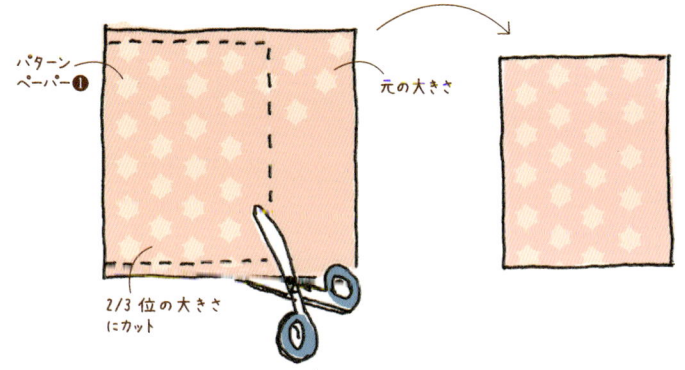

1 パターンペーパーを2/3位の大きさにカットします。

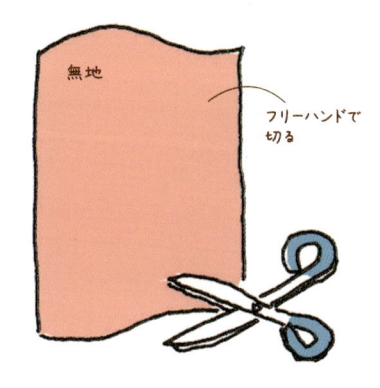

2 無地のパターンペーパーをフリーハンドで切ります。

3 1のパターンペーパーに2のパターンペーパーを貼ります。次に写真を貼ります。

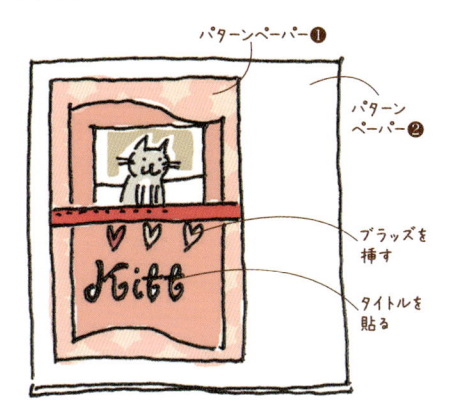

4 台紙のパターンペーパー❷を用意し、その上にパターンペーパー❶を貼ります。

5 コラゾルを元に切り抜いたカードストックやブラッズ、ボタンなどを配置して、できあがりです。

CHAPTER 9 | Ribbon Scrapbooking

by Mari Miyamoto

ホワイトからブラックの単一色の濃淡でレイアウトをまとめました。

Sweete 'n' lovely

3 *Analog Kit*

- パターンペーパー：Making Memories
- エンベリ：Making Memories
- リボン：May Arts
- ステッカー：American Crafts
- ラインストーン：Heidi Swapp

Scrapbooking Design | PART 2

How to Make

1 写真 / パターンペーパー / リボン

パターンペーパーにリボンと写真を配置します。

2 花の飾り

花の飾りを配置します。

3 パターンペーパー

下のほうにパターンペーパーを貼ります。

4 ラインストーン / タイトル / タイトルのステッカーの上のところどころにラインストーンを貼る

タイトルにラインストーンを貼り、それをパターンペーパーに貼れば、できあがりです。

CHAPTER 9 | Ribbon Scrapbooking

1年間の思い出を1枚のレイアウトにまとめました。

by Yuko Tanaka

4 year 12インチレイアウト

Analog Kit

- カードストック：Bazill Basics Paper
- パターンペーパー：Crate Paper
- グリッターダイカット：Crate Paper
- リボン：BasicGrey
- ブラッツ：Making Memories
- タイトル：Quickutz

Scrapbooking Design | PART 2

How to Make

1 使用したい写真を8枚選び、同じ大きさ（3×3インチ）にカットします。

2 写真の配置を決めます。

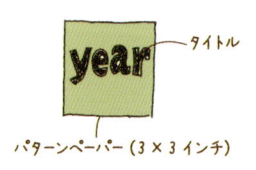

写真の被写体の雰囲気に注意して配置する

3 パターンペーパーを写真と同じ大きさ（3×3インチ）にカットして、その上にタイトルをつけます。

タイトル
パターンペーパー（3×3インチ）

4 写真とタイトルを配置します。

間隔が均等に空くようにする

5 リボンをつけます。

リボンは1本をライン状に引いたあと、別のリボンで結びを作り、貼りつける

リボン

6 ジャーナルを書いて、エンベリをつければ、できあがりです。

エンベリ
ジャーナル

119

CHAPTER 9 | Ribbon Scrapbooking

お部屋に飾れる壁掛けです。
気分によって変えられるよう
両面仕様になっています。

5 cat 壁掛け

Analog Kit

- チップボードアルバム：Maya Road
- タイトルチップボード：Maya Road
- フラワーチップボード：Darise
- 茶色のチップボード：American Crafts
- リボン：Fancy Pants
- ボタン：Autum Leaves
- 文字：Quickutz

by Yuko Tanaka

Scrapbooking Design | PART 2

How to Make

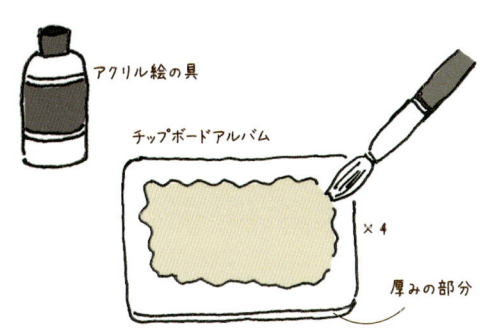

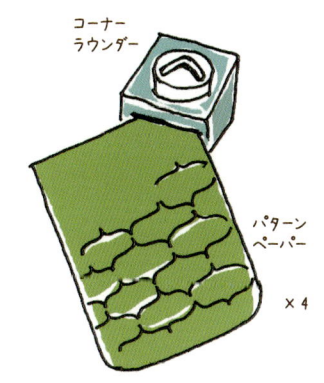

1. チップボードアルバム（表と裏）のふちと面にアクリル絵の具でペイントします。これを4つ作ります。

2. パターンペーパーをカットし、コーナーラウンダーで角を丸くします。これも4つ作ります。

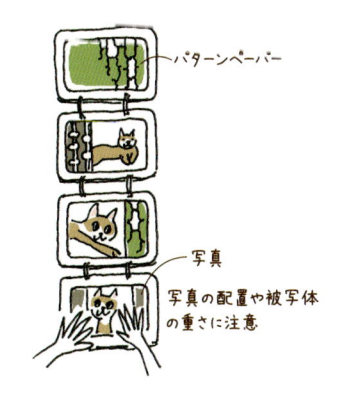

3. 6枚の写真を 2 のパターンペーパーと同じ高さにカットします。

4. 各ページ（表と裏）にパターンペーパーと写真を貼ります。

5. エンベリ（フラワーチップボード、ボタンなど）をつけます。

6. 壁掛け部にポンポン状のリボンをつけ、リング部分にもリボンをつければ、できあがりです。

CHAPTER 9 | Ribbon Scrapbooking Sample

❶ climbing up 初めての木登り

アナログツール：パターンペーパー (Crate Paper)、ダイカットペーパー (Crate Paper)、アルファベットステッカー (American Crafts)、ダイモなど

コメント：両面パターンペーパー (Crate Paper) を使い、パターンペーパーと同じ模様のダイカットをポップアップして、立体的にしています。桜の季節の写真なので、優しい柔らかい雰囲気になるように作りました。

作者：Mari Miyamoto

❷ ピアノを弾く子猫 6インチレイアウト

アナログツール：パターンペーパー (Crate Paper、K & Company)、カードストック (Bazzill Basics Paper)、トランスペアレンシー、ブラッズ (Making Memories)、プリマなど

コメント：写真のピアノのクールさと、子猫の柔らかさや愛らしさがマッチするようにパターンペーパーを選びました。

作者：Mari Miyamoto

❹ スターブック／フォトスタンド

アナログツール： スターブック パターンペーパー (Crate Paper)、ブラッズ (Making Memories)、ダイモ、リボンなど フォトスタンド パターンペーパー (Anna Griffin)、ステッカー (Anna Griffin)、ベラムシート (Anna Griffin)、リボン (木馬) など

コメント：携帯カメラで撮った写真を使ったスターブック (右側)。ジャーナルを忘れないうちに作りたかったので、デザインはシンプルに仕上げました。フォトブック (左側) のほうも写真の被写体とペーパーのエレガントさを引き立てたかったので、シンプルに仕上げました。

作者：Mari Miyamoto

❸ 12インチレイアウト

コメント：レイアウト作品の写真を元に、その作品を模作したデザインを取り入れて作っています (元の作品のデザイン模作の許可及び作品写真の使用許可は制作者から得ています)。

作者：Mari Miyamoto

Scrapbooking Design | PART 2

❺ My Girl 6インチレイアウト

アナログツール：パターンペーパー
コメント：子猫の成長段階の体型のバランスの悪さ（頭が大きく、尻尾が短い）を活かして、コケティッシュなイメージで作ってみたかったので、写真の被写体に沿ってカットして使用してみました。パターンペーパーにタイトルや文章が印字されているものがあったので、レイヤーに重ねて貼っています。
作者：Mari Miyamoto

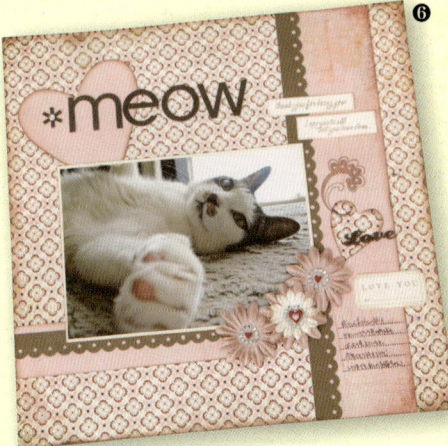

❻ meow

アナログツール：パターンペーパー、アルファベットステッカー、スタンプ、フラワーなど
コメント：2L判サイズの写真が映えるように周りにエンベリを配置しました。すべてにスタンプインクを直接つけて着色し、雰囲気を統一しています。ピンクをメインに使い、かわいらしい感じにしました。
作者：Yuko Tanaka

❼ what made you cry?

アナログツール：カードストック、パターンペーパー、チップボード、スタンプなど
コメント：カラフルで賑やかなイメージを持ちながらもあくまで写真が主役になるように工夫して作りました。ポップアップさせたり、グロッシーアクセント（表面を立体的に見せることができる）を塗ったり、いろいろなテクニックを使用しています。
作者：Yuko Tanaka

❽ CATS

アナログツール：カードストック、パターンペーパー、ラブオン、アクリル絵の具、Quickutz など
コメント：写真をカットし、コーナーラウンダーを使ってすべての角を落とします。そして、アクリル絵の具でふちどりをします。タイトルの文字は Quickutz で抜いた文字を5枚重ねてチップボード風に仕上げています。
作者：Yuko Tanaka

❾ little prince

アナログツール：カードストック、パターンペーパー、アルファベットステッカー、フラワーなど
コメント：無地のパターンペーパーにブルーの文字スタンプを押し、柄紙のようにして使いました。ジャーナルは、透明なシートに文字をプリントし、半透明のシートの上に貼りつけています。
作者：Yuko Tanaka

123

🌱 Basic making

片柳頼子のスクラップブッキング講座

スクラップブッキングの基本作品の作り方と
応用作品の作り方を解説します。

まずは簡単な構図で作ってみましょう。
写真のイメージとパターンペーパーの雰囲
気を合わせるとすてきな感じになります。

by Yoriko Katayanagi

beach fun

Analog Kit

- カードストック：Bazzill Basics Paper
- パターンペーパー：American Crafts
- ビニール文字：American Crafts
- ボタン：Making Memories
- フェルト花：Fancy Pants

Scrapbooking Basic Course | PART 3

How to Make

1 メインの写真はポストカードサイズで、サブの写真の2枚はL判サイズでプリントします。

2 カードストックを選び、先にメインの写真を配置して、サブの写真をカットして配置し、レイアウトを決めます。

3 パターンペーパーを選びカットします。ここで、ボーダーを作ることで、写真が落ち着きます。

4 メインの写真にマットをつけます。少し離れて眺めてみてバランスがよければ、レイアウトしたものを貼っていきます。

5 ビニール文字でタイトルをつけます。白いパターンペーパーを切って貼った上に、手書きでジャーナルを書きます。

6 エンベリ（フェルト花やボタン）をつけて、できあがりです。

125

🌱 *Basic making*

by Yoriko Katayanagi

Photoshop Elements で写真を加工すると単純なレイアウトでもワンランクアップした作品になります。

2 S

Analog Kit
- カードストック：Bazzill Basics Paper
- パターンペーパー：BasicGrey、We R
- チップボード：Colorbox、Scenic Route Paper
- チップボード文字：Heidi Swapp
- クリア：Best Creation

Digital Tool
- Adobe Photoshop Elements 7.0
- プリンタ

Scrapbooking Basic Course | PART 3

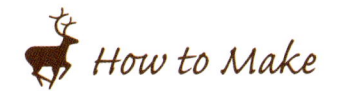

How to Make

デジタルでの加工術

使用データダウンロード先
URL http://blog.shoeisha.com/cafestyle/scrapbooking/

1
Photoshop Elements で使用する写真3枚を開きます。新規ファイル（[幅：100mm、高さ：148mm、解像度：300pixel/inch]）を作成し、[移動] ツールで写真をドラッグ＆ドロップして配置し、サイズを調整します。写真の間に[長方形] ツールで白い四角形を作成して、区切ります。

2
フォントを選び、白で左上の写真の下に入れます。

3
画像を保存して印刷します。ここでは表面加工されているカードストックに印刷しました。

アナログでの加工術

1
デジタルで作成した写真をカードストックに配置します。

2
プリントペーパーをさらに貼り、カードストック全体にクリアのオーバーレイを貼ります。

3
チップボードのエンベリやタイトルを貼り、ジャーナルを書いて、できあがりです。

127

🌱 Basic making

(中面)

(伸ばした形)

(表)　　　(裏)

by Yoriko Katayanagi

3 fun

Analog Kit

ミニブックは、買わなくても自分で作れます。
いろいろな大きさにしてチャレンジすると楽しいですよ。

- パターンペーパー：American Crafts
- カードストック：Bazzill Basics Paper
- リボン：American Crafts
- ダイカット：Luxe
- 文字ステッカー：American Crafts

Scrapbooking Basic Course | PART 3

How to Make

1. 厚紙1枚を5.25×5.25インチにカットして、ひとまわり大きくカットした（6×6インチ）パターンペーパーでくるみます。これが表紙になります。

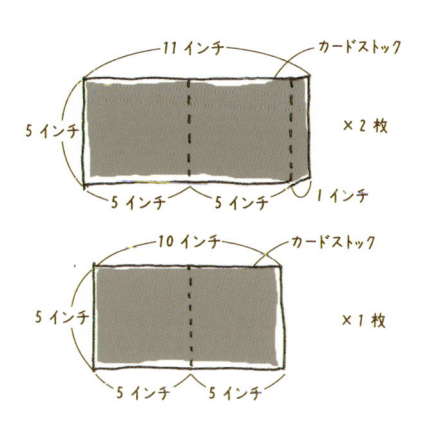

2. カードストックを上のイラストのようにカットします。

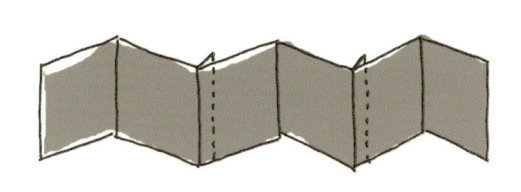

3. 2でカットしたものを折り、糊で貼り合わせます。

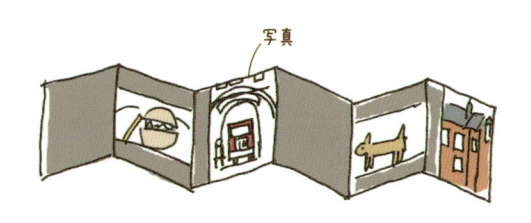

4. 写真を貼ります。

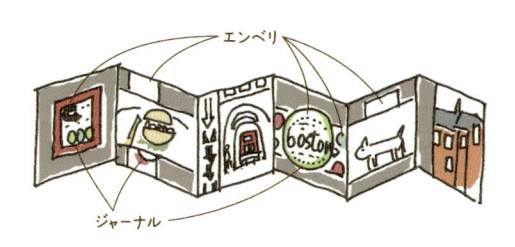

5. パターンペーパーを配置してバランスがよければ写真を貼ります。エンベリ（パターンペーパーなど）をつけて、ジャーナルを書きます。

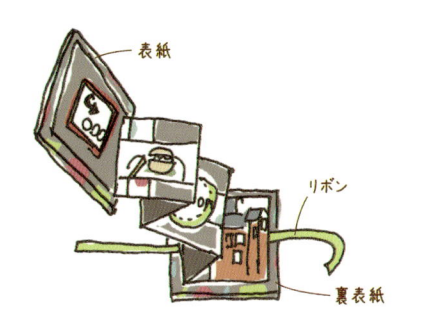

6. 表紙を貼り合わせます。裏表紙とカードストックの最後のページの間に、リボンを挟みます。これで完成です。

🌱 Basic making

by Yoriko Katayanagi

エンベリを自分で作ると表現の幅が広がり、いろいろな組み合わせを楽しめます。

friends

Analog Kit

- パターンペーパー：October Afternoon
- カードストック：Bazzill Basics Paper
- ベルベットリボン：American Crafts
- チップボード：BasicGrey
- フェルト：作者私物
- ボタン：Rusty Pickle
- チップボード文字：American Crafts
- 茶色ペン：Sakura
- ピンキングはさみ

Scrapbooking Basic Course | PART 3

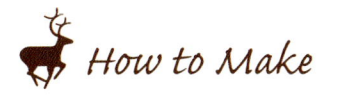

How to Make

1. 写真を白黒で、2L判サイズで1枚（メイン）、L判サイズで1枚（サブ）プリントします。

2. カードストックのベースを選んでメインの写真を配置します。サブの写真は小さくカットします。

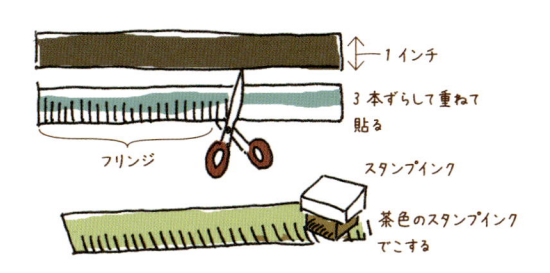

3. パターンペーパーを選び、1インチの高さのボーダーに3本カットして、はさみで細かくフリンジ状にカットします。そして茶色のスタンプインクでこすります。

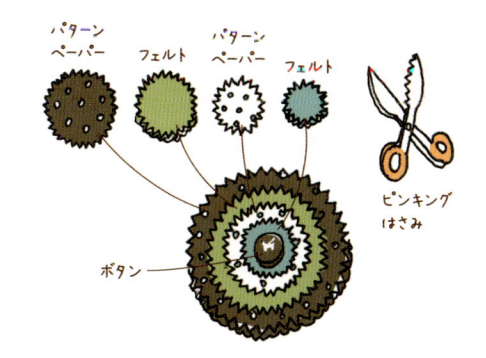

4. パターンペーパー、フェルトを2枚ずつピンキングはさみでカットして、茶色のスタンプインクでこすり、貼り合せ、一番上にボタンをつけます。

5. 3と4で作ったものをカードストックに貼ります。カードストックのふちにステッチ風に茶色のペンで点々を描いていきます。

6. チップボード文字でタイトルを貼り、ジャーナル用のラインのスタンプを押して、ジャーナルを書いて、できあがりです。

step up making

Rosso d'Italia

旅行のレイアウトです。たくさん撮った写真から色でまとめて作ってみました。

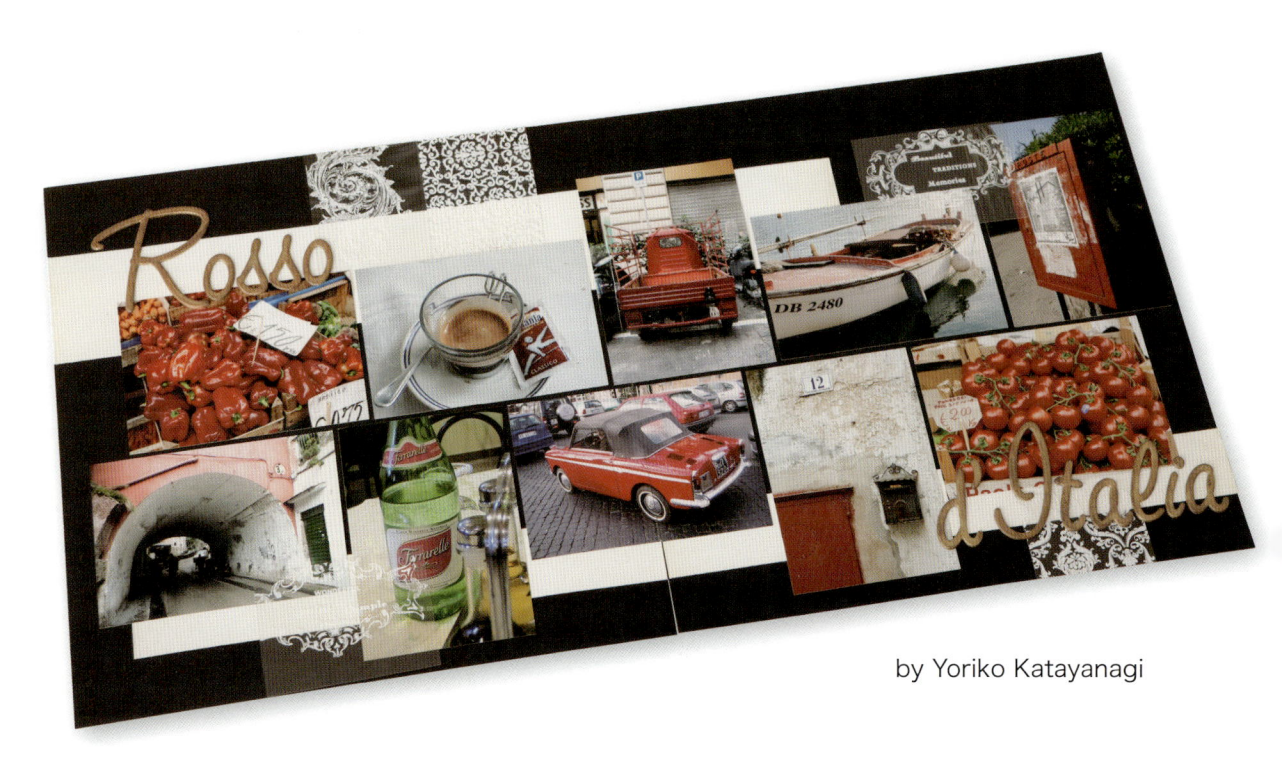

by Yoriko Katayanagi

Analog Kit

- カードストック：Bazzill Basics Paper
- パターンペーパー：Crate Paper
- クリア：Hambley Print
- チップボード文字：BasicGrey
- ラブオン：Cosmo Cricket
- 金ペン：KRYLON
- 茶スタンプインク：Tsukineko

Scrapbooking Step up Course | PART 3

How to Make

1 カードストックに写真を配置します。

2 パターンペーパー、文字等の配置を決めます。

3 2で配置が決まったら、糊づけします（文字以外）。

4 タイトル用のチップボード文字に金のペンで金を塗り、茶色のスタンプインクでふちを汚します。

5 タイトルのチップボード文字を貼り、ラブオンをこすって貼れば、できあがりです。

step up making

your funny faces

Analog Kit

プリントペーパーを貼り合わせて
ビッグブックを作りましょう。

- プリントペーパー：Pink Paislee
- ダイカット：Pink Palslee
- チップボード文字：BasicGrey、Heidi Swapp
- フェルト：Queen & Company
- 花：ハマナカアンダリア
- ボタン：Rusty Pickle
- チップボード鳥：Maya Road
- ステッカー文字：Pink Paislee
- 穴開けパンチ

by Yoriko Katayanagi

Scrapbooking Step up Course | PART 3

How to Make

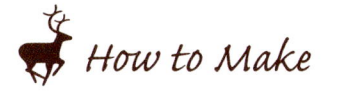

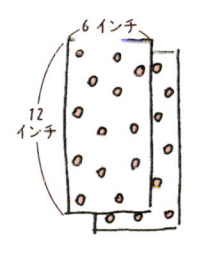

- ピンク水玉のパターンペーパーを 6×12 インチのサイズに 2 枚カットする
- オレンジのダイカットペーパーを 9×12 インチと 3×12 インチにカットする
- グリーンのチェックとグリーンの水玉のパターンペーパーを 9×12 インチにカットする
- 12×12 インチのストライプとピンク模様のパターンペーパーを使用する

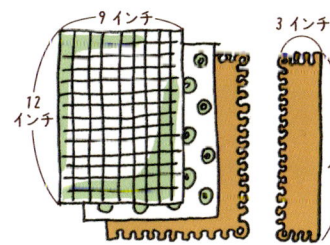

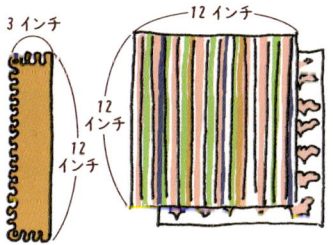

1 4種類のパターンペーパーをそれぞれカットします。ストライプとピンク模様のパターンペーパーは、元のサイズ（12×12インチ）のものをそのまま使います。

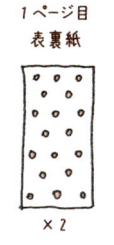

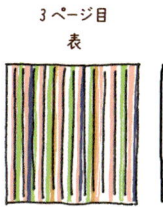

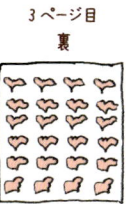

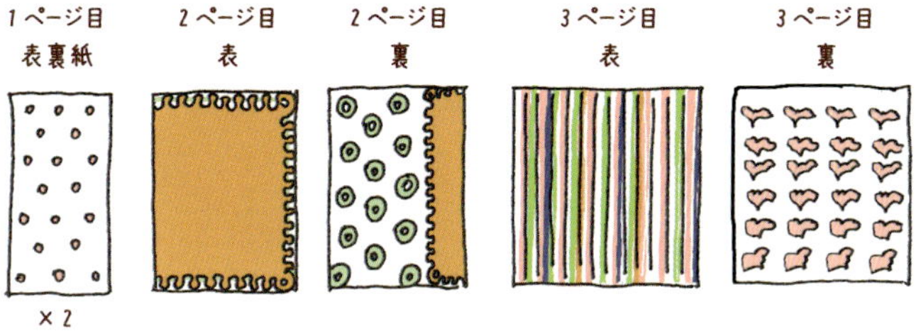

1ページ目 表裏紙 ×2 ／ 2ページ目 表 ／ 2ページ目 裏 ／ 3ページ目 表 ／ 3ページ目 裏

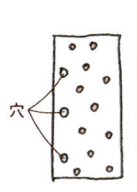

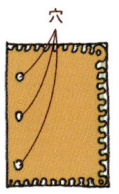

2 カットしたものなどを、それぞれのサイズ同士、裏で糊づけします。

3 左端の3箇所に均等に穴開けパンチで穴を開けます。

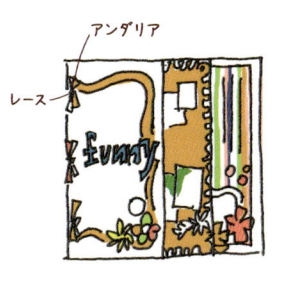

チップボード文字／アクリル絵の具／写真／ボタン／花／アンダリア／レース

4 1ページ目のチップボード文字をアクリル絵の具で塗って、タイトルを作成します。

5 それぞれのページに写真を貼り、飾りつけをします。

6 レースとアンダリアを穴に通して結べば、できあがりです。

135

step up making

3 you フェルトミニブック

フェルトを使えばほどけたりしないので、簡単にあたたかい感じのミニブックを作れます。

Analog Kit

- フェルト：作者私物
- 布：作者私物
- プリント用布：作者私物
- リング：100円ショップで購入
- アイレット：作者私物
- フェルト：Fancy Pants

（表）

（裏）

by Yoriko Katayanagi

（中面）

（中面）

Scrapbooking Step up Course | PART 3

How to Make

1 3色の各フェルトを2枚ずつ、ハート型にカットします。

2 プリント用の布に写真をプリントします。

1ページ目表　1ページ目裏　2ページ目表　2ページ目裏　3ページ目表　3ページ目裏
布　　　　写真（布）　布　　　　写真（布）　布
ミシン　　ミシン　　　ミシン　　ミシン　　　ミシン

3 3種類の布と写真をハート型に合わせて、カットします。そしてミシンをかけます。

ミシン

4 同じ色同士のフェルトを合わせて、ミシンをかけます。

飾り　タイトル　タイトル　タイトル　飾り

5 飾りやタイトルをつけます。

アイレット

6 それぞれのハートの左上に、アイレットをつけて、リングを通せば、できあがりです。

137

✿ step up making

（表）

（裏）

（中面）

（中面）

パターンペーパーを使わずにアクリル絵の具だけで仕上げています。好きな色でチャレンジしてください。

grow 4

Analog Kit

- チップボードミニブック：Maya Road
- フォーム文字：American Crafts
- ベルベット山道：Maya Road
- アクリル絵の具：Delta
- ラインストーン：Prima
- ニット花：Creative Imaginations
- フェルト：Making Memories
- 立体ステッカー：American Crafts
- 山道リボン：Maya Road

Scrapbooking Step up Course | PART 3

How to Make

1 チップボード（チップボードミニブック）にアクリル絵の具のピンクと白を使い、表裏を同じ模様で塗ります。

2 表紙にタイトル、フェルト、ニット花などで飾ります。

3 用意した写真のふちをサンドペーパーで軽くこすり、白くします。

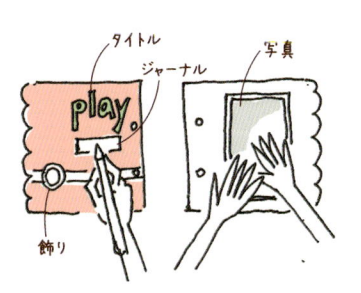

4 左側にタイトル、ジャーナル、飾りをつけます。右側に写真を貼っていきます。

5 同様の手順で、写真4枚分を作っていきます。

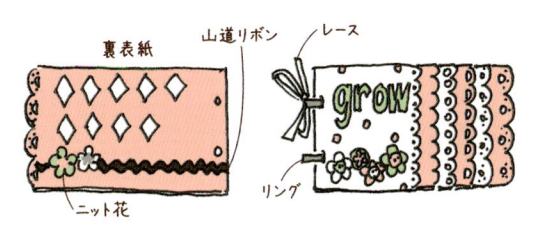

6 裏表紙に飾りをつけて、リングを通せば、できあがりです。

139

石川美和のスクラップブッキング・アラカルト

いろいろな雑貨の作り方を紹介します。

chocolate 1, 2

つまんで食べたくなるようなチョコレートの写真立てと指輪です。

by Miwa Ishikawa

Analog Kit
- 箱
- 薄紙（作品の下に敷いている）

チョコレート1（写真立て）
- 紙粘土
- 工作用カラー（コーヒーブラウン）
- 粘土ヘラ
- 写真光沢紙

チョコレート2（指輪）
- 紙粘土
- 紙ヤスリ
- 工作用カラー（コーヒーブラウン）
- ドーム型パーツ
- 指輪のパーツ
- 写真光沢紙
- 工作用ボンド
- セメダイン（クリア）

Digital Tool
- プリンタ（複合機：分割プリントできるもの）

Scrapbooking à la carte | PART 4

How to Make

🚩 チョコレート 1 (写真立て)

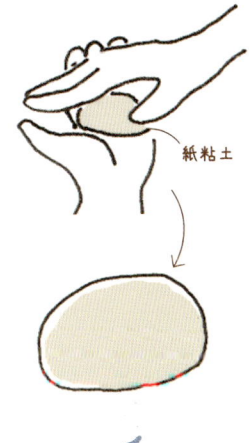

1 紙粘土を本物のチョコレートくらいの大きさに丸めます。

2 チョコレートらしくなるように形を成形し、写真を立てる溝を粘土ヘラまたはカッターで入れます。

3 工作用カラーで焦げ茶色に塗って乾かし、小さくプリントした写真を立てて完成です。

🚩 チョコレート 2 (指輪)

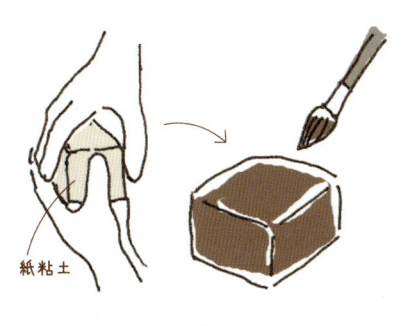

1 紙粘土を本物のチョコレートらしく、やや丸みのある四角形に成形します。
工作用カラーで焦げ茶色に塗って乾かします。

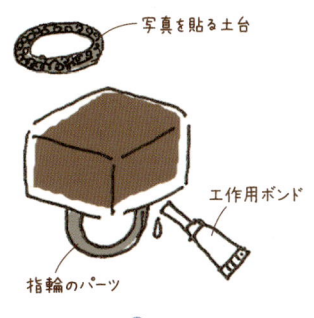

2 写真を貼る土台と指輪のパーツを工作用ボンドで貼りつけます。

3 小さくプリントした写真を土台のサイズに合わせて切り抜いて土台に貼りつけます。セメダインを塗って、ドーム型パーツを固定して、できあがりです。

2 chocolate 3, 4

おいしそうなチョコレートのオブジェと
アコーディオンブックです。

by Miwa Ishikawa

Analog Kit

チョコレート3（オブジェ）
- 木片
- 工作用カラー（コーヒーブラウン）
- リボン
- タトゥープリント紙
- 工作用ボンド

チョコレート4（アコーディオンブック）
- 厚紙（紙の卵パックを使っています）
- 色画用紙（写真の台紙／焦げ茶色）
- 工作用カラー（コーヒーブラウン）
- リボン
- フォトコーナー
- 写真光沢紙
- 両面テープ
- 紙片

Digital Tool

- プリンタ（複合機：分割プリントできるもの）

Scrapbooking à la carte | PART 4

How to Make

🚩 チョコレート3（オブジェ）

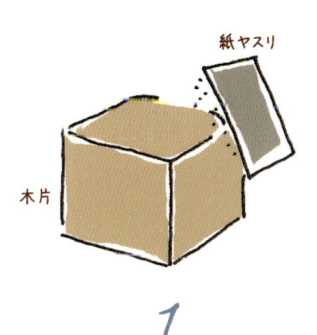

1 木片の角を紙ヤスリで削って、本物のチョコレートらしくなるよう丸みをつけます。

2 工作用カラーで焦げ茶色に塗って乾かします。

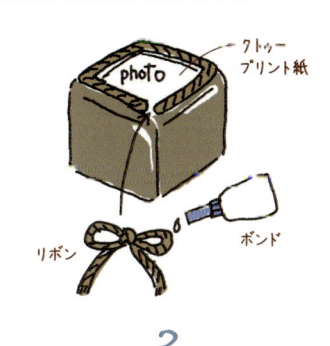

3 ポップな写真をタトゥープリント紙に木片に貼れるくらいのサイズでプリントして、貼りつけます。写真の周りにボンドでリボンを貼りつけ、さらにつなぎ目のところに蝶々結びにしたリボンをボンドで固定して完成です。

🚩 チョコレート4（アコーディオンブック）

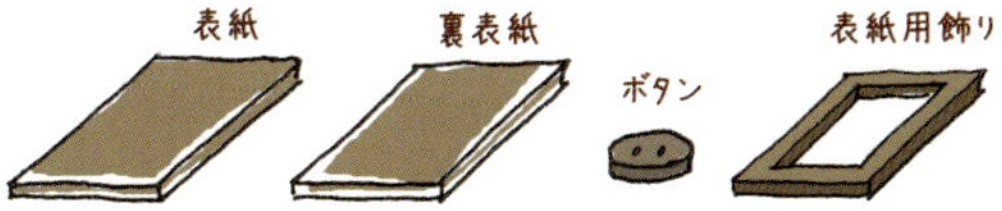

1 厚紙を切って、表紙、裏表紙、表紙用飾り、ボタンを作り、工作用カラーで焦げ茶色に塗って乾かします。

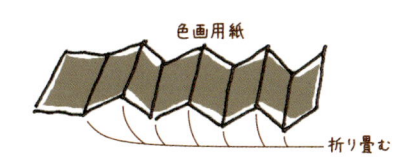

2 色画用紙を切って、アコーディオン状に折り畳みます。

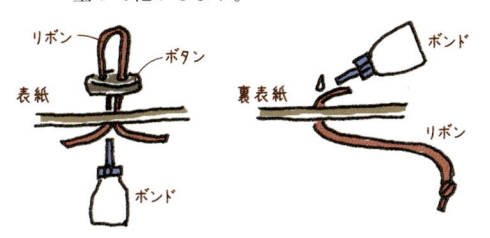

3 表紙にリボンを通してボタンをつけ、裏表紙にもリボンを通します（本を二重に巻きつけられる長さが必要です）。

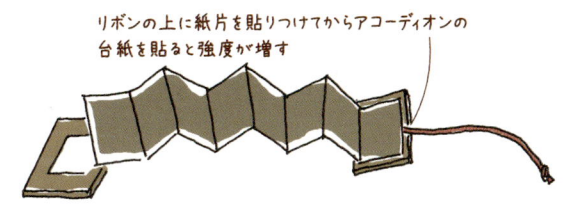

4 2でアコーディオン状に折り畳んだ色画用紙を表紙と裏表紙に両面テープで貼りつけ、小さくプリントした写真とフォトコーナーを色画用紙に貼りつけて、できあがりです。

143

3 cake

フォークでケーキを食べようとすると、中からアコーディオンブックが飛び出します。

Analog Kit
- 厚紙（白）
- 画用紙（白）
- おもちゃのフォーク
- アルミ粘着テープ
- 写真光沢紙
- 絵の具
- 両面テープ

Digital Tool
- プリンタ（複合機）

by Miwa Ishikawa

Scrapbooking à la carte | PART 4

How to Make

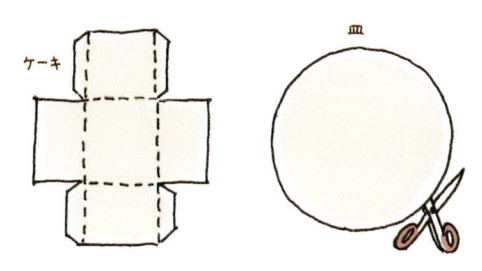

1 厚紙を切り抜き、ケーキと皿を作ります。

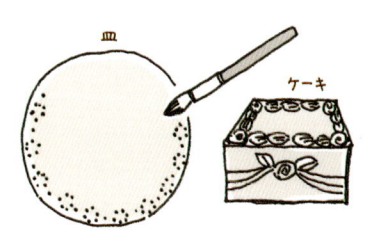

2 ケーキには生クリーム等を、お皿には柄をそれぞれ絵の具で描きます。

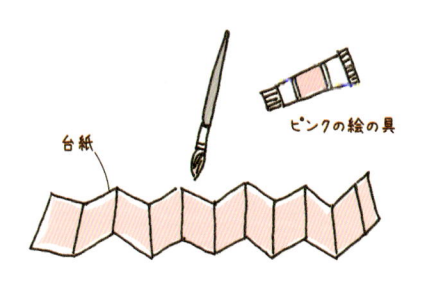

3 アコーディオンの台紙になる画用紙をピンクの絵の具で塗ります。絵の具が乾いたら、アコーディオンブックになるように折り畳みます。

絵の具は均一に塗らず、おいしそうな雰囲気なるよう自由に塗りましょう。

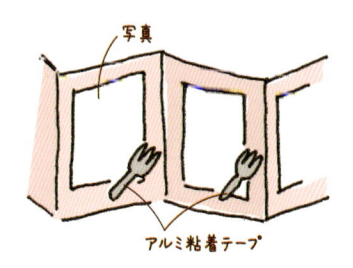

4 小さくプリントした写真を用意し、台紙の上に並べます。アルミ粘着テープをフォーク型に切り抜き、フォトコーナーの代わりに貼りつけます。

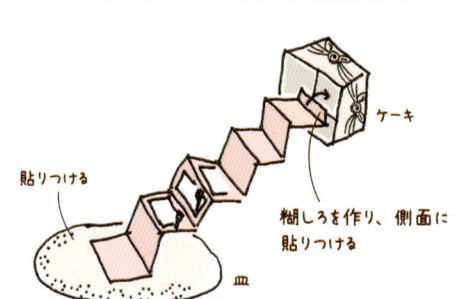

5 1で作ったお皿の上に写真を貼ったアコーディオンブックを貼りつけます。また、ケーキの底にも貼りつけます。

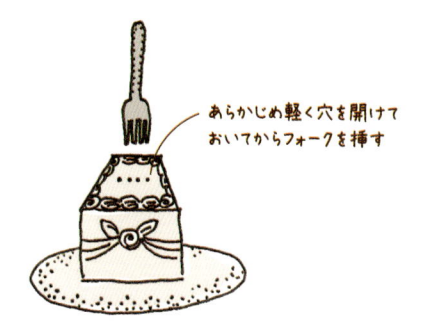

6 ケーキの箱の上にフォークを立て、箱の中に収めて、できあがりです。

4 house

お家を開くと写真がポップアップのように飛び出します。
窓の外にも楽しい顔がのぞきます。

by Miwa Ishikawa

Analog Kit
- プリント紙（厚地）
- バルサ（木材）
- 蝶番
- 厚紙（白）
- 工作用カラー（白）
- 両面テープ
- 工作用ボンド

Digital Tool
- Adobe Photoshop CS4
- プリンタ

How to Make

アナログ＆デジタルでの加工術

1 バルサを家の形に2枚切り抜き、窓も切り抜きます。

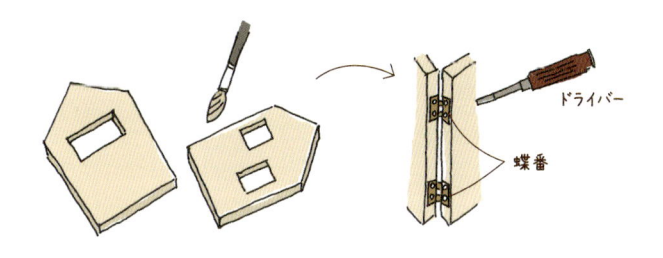

2 工作用カラーで色を塗り、乾いたら蝶番でつなぎます。

3 Photoshopで窓に合うように大きさを調整した写真をプリントします。

4 アコーディオンブックに使う写真をPhotoshopで開き、ツールボックスから［切り抜き］ツールを選択し、オプションバーに［幅：35mm、高さ：45mm、解像度：300pixel/inch］の数値を入力して、切り抜きます。

5 新規ファイル（［幅：297mm、高さ：210mm、解像度：300pixel/inch］）を作成し、4で大きさを調整した写真をドラッグ＆ドロップして、左から順に配置していきます。

6 5を厚地の紙にプリントし、余白を切り抜いてからアコーディオン状に折り畳みます。

7 アコーディオンブックを2の家に両面テープで貼りつけます。

8 厚紙で窓枠を作り、家の外側に工作用ボンドで貼りつけます。3でプリントした写真を中に入れて、できあがりです。

14/

5 ビーチバッグ

ビーチバッグに旅の思い出写真をつめています。
それぞれのアコーディオンブックの表紙は、
写真をコラージュして作っています。

Analog Kit
- 写真光沢紙
- 色紙（中台紙用）
- 画用紙（コラージュ用台紙）
- プリント紙（厚地）
- スティック糊
- 両面テープ
- フォトコーナー

by Miwa Ishikawa

How to Make

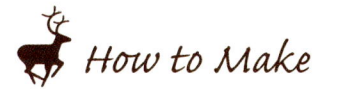

デジタル＆アナログでの加工術

1 旅行中に撮ってきた写真を眺めて、表紙のコラージュに使えそうなものを選んで、写真光沢紙でプリントします。

2 プリントした写真をはさみで切り抜き、台紙の上にスティック糊で貼りつけていきます。

3 2で作ったものを、複合機の場合はカラープリントし、複合機がない場合はスキャナでスキャンしてから厚地の紙でプリントします。

4 3でプリントしたものを色画用紙に両面テープで貼りつけて、コラージュの形に沿って切り抜きます。表裏紙用にもう1枚同じ形に切り抜きます。

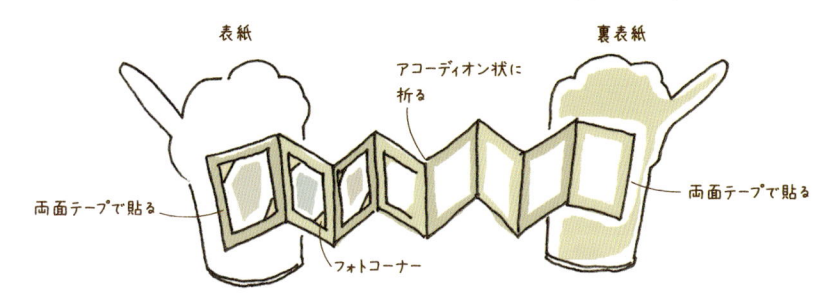

5 アコーディオンブック用の台紙を切り抜き、折り畳んで、表紙、裏表紙に両面テープで貼りつけます。

6 アコーディオンブックのサイズに合うように、写真をプリントして、アコーディオンブックにフォトコーナーを貼りつけて、できあがりです。

| 胡桃の写真講座 | 花のスクラップブッキングの作品作りでメインの写真として使える花の写真の撮り方を解説します。 |

1 ピンクの薔薇

setting

カメラ：instax mini 7S（チェキ）
レンズ：f=60mm 1:12.7
撮影時の絞り：f22.0（晴・薄曇マーク）
シャッタースピード：1/60
フィルム：FUJIFILM インスタントカラーフィルム instax mini（ISO 感度 800）
撮影場所：新潟県内公園

Scrapbooking Photo | PART 5

Photo Lesson

空

午後1時過ぎ
光は前方
左寄りから

後

余計な被写体

余計な被写体

前

距離約50cm

instax mini 7S (チェキ) のOK距離は0.6m〜∞
※OK距離とは、撮影に適した被写体までの距離。

STEP 01
天候、撮影時間、場所

晴れの日の午後1時過ぎ。透き通るようなピンク色の薔薇を見つけました。

STEP 02
撮影方法

右側の薔薇を入れたくてカメラを横に構えています。
余計な被写体が多く入ってしまうので、花を見上げる角度までしゃがみ、距離を短めにとりました。
左の薔薇の茎部分に光を入れて、逆光気味で撮影しています。
少しハイキーな、ふんわりとした感じで撮影しています。

2 蝶

setting

カメラ：Nikon D80
レンズ：TAMRON AF ASPHERICAL XR 28-300mm f3.5-6.3 MACRO
撮影時の絞り：f6.3
ISO：100
シャッタースピード：1/500
撮影場所：新潟県内公園

Scrapbooking Photo | PART 5

Photo Lesson

午前11時過ぎ
光は左上から

距離約80cm

蝶

カメラ

STEP 01
天候、撮影時間、場所

晴れの日の午前11時過ぎ。赤い花にとまっている蝶のかわいい姿を見つけました。

STEP 02
撮影方法

空の色を青く撮りたかったので順光で撮影。たまたま花にとまった蝶を撮ろうとファインダーを覗いたら、蝶、花、空それぞれの色が美しかったので、できるだけシンプルな構図で素早くシャッターをきりました。

3 絵本と赤い手袋

setting

カメラ：instax mini 7S（チェキ）
レンズ：f=60mm 1:12.7
撮影時の絞り：f12.7（屋内・夜間マーク）
シャッタースピード：1/60
フィルム：FUJIFILM インスタントカラーフィルム instax mini（ISO 感度 800）
撮影場所：自宅リビング
備考：接写レンズ・ミニ7使用

Scrapbooking Photo　PART 5

Photo Lesson

（イラスト中の書き込み）
- 薄いカーテン
- 午後2時過ぎ 窓からの光は右から
- 接写レンズ
- 距離約40cm
- 絵本
- ホワイトボード
- 手袋

STEP 01

天候、撮影時間、場所

晴れた日の午後2時過ぎ。自宅の窓際。

> **instax mini 7S（チェキ）の ファインダーとレンズ**
>
> instax mini 7S（チェキ）はファインダーとレンズの位置が違うので、撮る際にカメラを少し動かしてから撮ってみましょう。

STEP 02

撮影方法

instax mini 7S（チェキ）は常時発光フラッシュの機能がついているので、暗い室内で撮るとフラッシュが光るせいで背景が暗くなり色が濁ってしまいがちです。
この写真ではフラッシュが光らないように冬の晴れた日の窓際で撮影しています。また、影ができないように薄いカーテンで直射日光を避け、レフ板代わりにホワイトボードを置いて撮影しました。
撮りたい雑貨が小さかったので、接写レンズを使用しています。

Sample Photograph

写真データ(レッスン、サンプルページ)ダウンロード先
URL http://blog.shoeisha.com/cafestyle/scrapbooking/

1
カメラ:Nikon D80　**レンズの種類**:SIGMA MACRO 50mm f2.8 EX　**撮影時の絞り**:f2.8　**シャッタースピード**:1/1000　**ISO**:100　**撮影場所**:新潟県内公園　**コメント**:小さな一本の枝垂れ桜を発見。咲きはじめのためボリュームがなかったので大きくぼかして撮影しました。イメージは「春の訪れ」です。

2
カメラ:HOLGA 120GCFN　**レンズの種類**:60mm f/8 ガラスレンズ　**撮影時の絞り**:f11(晴れマーク)　**シャッタースピード**:1/100　**フイルム**:FUJICOLOR NATURA1600　**撮影場所**:新潟県内公園　**コメント**:NATURA1600のフィルムで昼間撮ったことがなかったので、試しに撮ってみたチューリップ(多重露光)。

3
カメラ:HOLGA 120GCFN　**レンズの種類**:60mm f/8 ガラスレンズ　**撮影時の絞り**:f11(晴れマーク)　**シャッタースピード**:1/100　**フイルム**:KODAK ULTRAMAX 400　**撮影場所**:新潟県内公園　**コメント**:同色で統一されたチューリップの列を見ていて、「もっといろんな色のお花畑があったらな〜」と思って撮った一枚(多重露光)。

4
カメラ:Nikon D80　**レンズの種類**:SIGMA MACRO 50mm f2.8 EX　**撮影時の絞り**:f2.8　**シャッタースピード**:1/200　**ISO**:400　**撮影場所**:自宅リビングの窓辺　**コメント**:強い日差しのあたるテーブルで撮影。思い切ってハイキーで撮ったら、転がした青りんごの雰囲気がいい感じになりました。

5
カメラ:Nikon D80　**レンズの種類**:SIGMA MACRO 50mm f2.8 EX　**撮影時の絞り**:f2.8　**シャッタースピード**:1/1000　**ISO**:800　**撮影場所**:自宅リビングの窓辺　**コメント**:ISO感度が前に撮った設定のままだったことにいつまでも気が付かず、結構速いシャッタースピードで撮っていることがたま〜にあります。

6
カメラ:Nikon D80　**レンズの種類**:SIGMA MACRO 50mm f2.8 EX　**撮影時の絞り**:f2.8　**シャッタースピード**:1/100　**ISO**:100　**撮影場所**:自宅のリビング　**コメント**:薔薇の雰囲気に合わせ、スイートなストーリー&雰囲気でまとめました。

Scrapbooking Photo | PART 5

7
カメラ:Nikon D80　レンズの種類:SIGMA 30mm f1.4 EX DC　撮影時の絞り:f1.4　シャッタースピード:1/200　ISO:100　撮影場所:自宅のリビング　コメント:このとき撮りたかったのはチューリップではなく、春のやさしい光でした。

8
カメラ:Nikon D80　レンズの種類:SIGMA MACRO 50mm f2.8 EX　撮影時の絞り:f2.8　シャッタースピード:1/100　ISO:400　撮影場所:自宅のリビング　コメント:花達が会話をしているような雰囲気で撮りました。色が足りない気がしたので、水色のストライプの布を敷きました。

9
カメラ:Nikon D80　レンズの種類:SIGMA MACRO 50mm f2.8 EX　撮影時の絞り:(絞り優先)AUTO　シャッタースピード:AUTO　ISO:100　フイルム:Agfa ULTRA100　撮影場所:新潟県内公園　コメント:発色のよいフイルムをカメラに入れたときは、特に晴れた日を選んで色のあるものを撮るのが一番です。

10
カメラ:Nikon D80　レンズの種類:SIGMA 30mm f1.4 EX DC　撮影時の絞り:f2.8　シャッタースピード:1/3200　ISO:100　撮影場所:新潟県内公園　コメント:青空の下で楽しげに踊るマンダリン。大きな白い雲を入れたくて、ローアングルで撮影しています。

11
カメラ:Nikon D80　レンズの種類:TAMRON AF ASPHERICAL XR 28-300mm f3.5-6.3 MACRO　撮影時の絞り:f6.7　シャッタースピード:1/1250　ISO:320　撮影場所:新潟県内公園　コメント:色のグラデーションを意識し、望遠レンズで手前の花をぼかして、遠くの花を撮影しました。

12
カメラ:Nikon D80　レンズの種類:TAMRON AF ASPHERICAL XR 28-300mm f3.5-6.3 MACRO　撮影時の絞り:f6.3　シャッタースピード:1/2000　ISO:200　撮影場所:新潟県内公園　コメント:昆虫はなるべくリアルに撮らないようにしています。

わたしとカメラ
instax mini 7S

チェキ

カメラにもいろいろありますが、たまには気分を変えて、撮ったらすぐ写真になる instax mini 7S（チェキ）のようなインスタントカメラを持って出かけてみましょう。

チェキ専用のフイルムはカードサイズです。独特のぽわんとした写りが小さな写真になるので、何気ない被写体もかわいい感じに写ります。

注意点

チェキは電池式なので連続して撮らない場合は電源を OFF にしましょう。再び ON にして撮る場合、明るさ調整ダイヤルをチェックしてください。

チェキの本体は丸くつるんとしたボディーなので、落下防止のために、ストラップに必ず手を通しておきましょう。すぐ写真になるのが楽しくてたくさんシャッターをきってしまうことも多いと思います。フイルムを多めに、そして予備の電池も準備しておくと安心です。

室内での撮影

チェキは常時フラッシュが発光するので、室内だとフラッシュのあたる部分は明るく、フラッシュの届かない背景は暗くなります。雑貨や人物を室内で撮影する場合、晴れた日の明るい窓辺でハイキー気味に撮るとかわいい感じになります（カーテンや窓枠の影に気をつけましょう）。

クローズアップレンズを使用すると約 40cm の距離まで近づいて接写できます。特に小さな雑貨を撮りたい場合、要らない被写体が入らないようカメラを少しずらして（ファインダーとレンズの位置が違うので）、撮るのがポイントです。

屋外での撮影

あまりいろいろ考えすぎず目に留まったものを気楽に撮って楽しむことが一番です。距離や明るさ調節ダイヤルをそのときの天気に合わせて撮れば、ほとんど失敗なく撮影できます。

明るい写真を撮りたい場合は、一度適正の明るさで撮ってからダイヤルをひとつずつ調節し、様子を見ながら撮ってみましょう。

快晴の日にダイヤルを「快晴」に合わせて撮ったものの、フラッシュがついてハイキーになりすぎる場合は、フラッシュの部分を布や黒テープ等で隠して、光量を調節してください。太陽や夕日をそのまま撮ると黒い点として写るので、夕日そのものを入れない構図や太陽の光だけを入れるような構図で撮ると失敗がないと思います。

INDEX

英数字

Adobe Photoshop CS4 40
Adobe Photoshop Elements 103
instax mini 7S 158

あ

赤ちゃん 54
アクリル絵の具 67,121
アコーディオンブック 44
アルファベット文字 13
エンベリ 13
オーガンジーリボン 76

か

カードストック 13
カマンベールチーズ 82
キャンバス 73
ケーキ 144
コーナーパンチ 23
コーナーラウンダー 121
コラゾル 115

さ

サークルカッター 55
材料 12
ジャーナル 61,95
ジャケット 78
スキャナ 41
スタンプ 13

た

ダイカットペーパー 32
ダイカットマシーン 57
タグ 89
チップボードアルバム 120
チップボードアルファベット 23,28,91
チップボードミニブック 68,138
チャーム 47

は

チョコレート 140
ディストレス 67
デコパージュ 59
デジタルレイアウト 108
トランスパレンシー 19

は

バルサ 146
ピン 106
プリントペーパー 13
フレーム 108
フローラルテープ 43
ブロッサム 33
ペンダント 46
ホールパンチ 23

ま

マルチレイヤー 18
ミシン 101

ら

ラインストーン 117
レイアウトスケッチ 10,15
レース 43,101

Happy Scrapbooking
スクラップブッキングを楽しむ本

2009年5月20日 初版第1刷発行

著者	久米英美子
	川上美幸
	石川美和
	Mick
	片柳頼子
	吉川智子
	キャサリン・冴子・ピオ
	chalk
	宮本真理
	田中優子
	胡桃
発行人	佐々木幹夫
発行所	株式会社翔泳社（http://www.shoeisha.co.jp）
印刷・製本	株式会社シナノ
編集	宮腰隆之
イラスト	今道千里
写真	須田卓馬
デザイン	デジカル デザイン室
DTP	Oak Digital Image

©2009 SHOEISHA Co.,LTD

※本書は著作権法上の保護を受けています。本書の一部または全部について（ソフトウェアおよびプログラムを含む）、株式会社翔泳社から文書による許諾を得ずに、いかなる方法においても無断で複写、複製することは禁じられています。

※本書へのお問い合わせについては、2ページに記載の内容をお読みください。

※落丁・乱丁はお取り替えいたします。03-5362-3705までご連絡ください。

ISBN978-4-7981-1811-6　　Printed in Japan